# 남북 스파이 전쟁

# 남북 스파이 전쟁

## 간첩, 공작원, 인간 병기로 불린
## 첩보원들의 세계

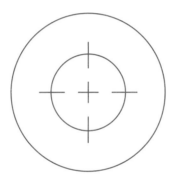

고대훈 · 김민상 지음

The JoongAng Plus

# "요즘도 남북이 스파이 전쟁을 하느냐"고 묻는다면

**"뉴스는 세상을 바라보는 창(窓)이다(News is a window on the world)."**
-게이 터크만, 『뉴스 만들기』(1978년)

뉴스의 창은 스파이를 야누스적 얼굴을 가진 존재로서 그려낸다. 화려하면서 애잔하고, 낭만적이면서 냉혹하고, 충성적이면서도 반역적인 이미지가 강렬하다. 그동안 뉴스의 창은 스파이를 관찰할 때 첩보 영화와 소설의 한계를 벗어나지 못했다. 대중이 가까이하기엔 너무도 다른 세상에 사는 인간으로 묘사했다.

그런 막연한 인식 속에 '스파이' '간첩' '공작원'이라는 낯선 단어와 우연히 조우했다. 2023년 10월 어느 늦가을 밤이었다. 연세대 Y교수와 저녁 자리에서 담소를 나누던 중 무심히 물었다.

"신선한 기획기사 아이디어가 어디 없을까요?"

"연세대에 간첩을 연구하는 교수분들이 있던데, 스파이를 주제로 심층취재를 해보시죠."

Y교수의 제안에 내심 "웬 철 지난 간첩 타령인가" 하며 한 귀로 흘렸지만 스파이의 정체가 궁금했다. 수소문해보니 연세대에 실제로 연구하는 조직이 있었다. 연구소를 찾아가 만난 국가정보원 출신의 교수는 4시간에 걸쳐 남북의 대결적 스파이 활동과 첩보전에 관해 열정적으로 쏟아냈다. 007 제임스 본드를 연상시키는 외국 스파이와, 그에 비해 간첩이란 악마적 인상으로 각인된 남북 공작원의 그림이 교차했다. 스파이를 재조명하고 싶은 기자적 욕구를 자극했다.

스파이 세계의 문을 두드렸다. 남파간첩, 대북공작원, 이중 스파이, 대공 수사관, 주사파 운동권, 정보학 교수, 탈북자 등을 두루 접촉해 그들의 목소리와 사연을 들었다. 생물처럼 살아 움직이는 스파이 세계를 엿볼 수 있었다. 특히 첩보전 현장을 누볐던 남과 북의 스파이들에게서 채취한 생생한 경험담은 뉴스적 가치가 컸다. 분단의 아픔을 웅변하는 그들의 발자취와 기억을 대중과 공유할 필요성을 느꼈다. 새로운 각도에서 스파이를 바라보는 창을 열고자 했던 이유다.

## 간첩, 공작원, 혁명가로 호명된 두 명의 스파이

이 책은 남과 북에서 양성한 두 스파이의 행적을 추적한 기록이다.

그들의 삶은 파란만장했다. 하루하루가 생사의 줄타기였다. 남북 분단의 차가운 현실과 이데올로기 대결을 상징하는 존재였다. 스파이라는 고상한 명칭 외에 간첩 혹은 공작원, 때로는 혁명가로 호명됐다.

남과 북 사이에 벌어지는 숨막히는 스파이 전쟁은 장막에 싸여 있었다. 간혹 시중에 흘러나오는 스파이 무용담은 있는 그대로의 사실보다 소설적으로 덧칠한 허구에 가까웠다. 최전선에서 목숨을 걸고 극비 작전을 수행한 진짜 스파이에게 접근하기도, 그들의 깊은 속내와 증언을 파내기도 어렵기 때문이다.

김동식·정구왕. 두 명의 남북 스파이를 찾아낸 건 기자로서 행운이다. 사무실, 식당, 술집을 수차례 오가며 그들이 경험한 지난날에 관한 절절한 육성을 수집했다. 영웅과 패자의 서사가 뒤섞인 스토리는 감동과 동정심을 동시에 일으켰다. 그들의 공작 활동에 흐르는 비장미와 긴장미는 명품 첩보물의 반열에 올려놓아도 손색이 없었다.

분단 이후 북한은 수많은 간첩들을 대한민국에 침투시켰고, 남한은 북한과 접한 중국 국경 지역을 무대로 비밀 요원들을 밀파해 대북공작을 펼쳤다. 두 스파이는 남북 첩보전 역사에서 한 시대를 상징하는 인물이다. 남한의 체제 전복을 꾀했고, 북한의 붕괴를 도모했다. 잠입과 접선, 포섭과 거래, 정보와 역정보, 체포와 전향, 영웅과 반역의 반전이 얽히고설킨 차가운 스파이의 세계를 두 스파이는 온몸으로 헤쳐왔다.

## 인간 병기 김동식

　남파간첩 김동식은 두 차례 남한에 침투해 공작을 수행하다 체포되는 기구한 운명을 겪었다. 대남공작원을 길러내는 김정일정치군사대학을 나온 그는 약 10년간 혹독한 지옥훈련을 거친 인간 병기였다. 남한 사람처럼 말하고 행동하는 적구화 교육과 외부 세계와 철저히 차단된 채 밀봉교육을 받고 주체사상으로 무장한 혁명가로 거듭났다.

　1990년대 서울에 잠입해 지하당을 구축하고, 여성 거물 고정간첩 이선실을 북한으로 복귀시킨 공적을 인정받아 '공화국영웅'에 올랐다. 두 번째 남파 때는 유명 운동권 인사들을 상대로 포섭활동을 벌이다 정체가 발각돼 총격전 끝에 붙잡힌 뒤 대한민국에 정착했다.

　그가 쏟아낸 공작 비화는 그야말로 천당과 지옥을 오가는 영광과 회한의 뒤범벅이었다. 그의 입을 통해 들은 북한 스파이의 교육과 양성 방식, 남한 내 간첩들의 실상, 포섭 대상 선정과 접근 방법, 지하당 구축 전술, 숙청당한 가족들의 사연은 남북의 슬픈 자화상이라고 해도 지나치지 않았다.

## 조국이 외면한 대북공작관 정구왕

　국군 정보사령부 중령 출신의 정구왕은 1998년 중국 단둥(丹東)에서 블랙 공작원으로 활동하던 중 자택에서 북한 기관원들에게 납치당해 평양까지 끌려갔다 살아난 기적의 주인공이다. 220일 동안 평양에 감금됐다가 이중 스파이가 되겠다고 속여 탈출에 성공한 뒤 가까스로 생환했다.

죽음의 문턱에서 "총살해달라"던 그의 비참한 절규, 살기 위해 발버 둥 친 처절함, 국내에서 '사망'으로 처리된 기막힌 사연을 들었다. 평양 에서 함경북도 회령, 중국 옌지(延吉)·베이징(北京)을 거쳐 서울까지 오 는 수천 km의 대장정을 설명하는 그의 눈빛을 잊을 수 없다. 그의 탈출 기는 이름 이니셜을 딴 'CKW사건'으로 전설처럼 입소문으로만 전해오 다 처음으로 공개된다.

이 책은 단순한 첩보 스릴러물이 아니다. 김동식·정구왕은 각기 다 른 길을 걸었다. 거창한 이념이나 신념을 좇은 게 아니다. 자신의 뜻과 상관없이 부름을 받아 스파이가 되고, 남과 북의 조국을 위해 몸을 던 졌다. 그들의 고백과 궤적 하나하나는 우리가 모르던 남북 간 치열한 공 작의 이면을 적나라하게 보여준다. 그들을 만날 때마다 가슴 한 곳이 아 프게 저며 왔음을 고백한다.

직업으로서 스파이라는 가면을 걷어내면 그들은 우리와 똑같이 나 약한 인간 갈대였다. 각자가 '공화국의 배신자' '버림받은 공작원'으로 추락하는 불행에 빠졌지만 홀로 이겨내야만 했다. 남북 분단이 낳은 기 구한 운명의 희생양일지 모른다.

스파이·공작원·간첩을 이념적 낡은 유물로 치부하는 사회적 거부감 이 일부 있다. 하지만 스파이 전쟁에는 휴전도, 종전도 없다. 우방이든

적이든 스파이가 없는 세상을 꿈꾼다면 망상이다. 과거 냉전시대에도 그랬고, 오늘의 AI(인공지능)시대에도 변하지 않는 사실이다. 분단이 지속되는 한 남북 스파이 전쟁은 실존적 문제다.

두 스파이가 걸어온 인생 역정을 보고 들은 그대로, 더하거나 빼거나 하지 않고 오롯이 옮기려 노력했다. 한 사람의 격정적 발자취와 남북 대결 역사가 호흡하고 있었고, 우리 시대에 던지는 교훈적 의미가 담겼기 때문이다. 이 책은 중앙일보의 디지털 유료 구독 플랫폼인 더중앙플러스에 '남북 스파이 전쟁 탐구'란 제목으로 게재됐던 기사를 바탕으로 엮었다. 앞으로 기회가 된다면 우리가 취재한 더 많은 숨겨진 스토리들을 추가로 전하고자 한다. 이 책이 남북 스파이 전쟁의 실체적 진실에 접근하는 새로운 뉴스의 창이 되길 희망한다.

2025년 3월

고대훈 · 김민상

| 차례 |

들어가는 말
"요즘도 남북이 스파이 전쟁을 하느냐"고 묻는다면 · 4

# 인간 병기 남파간첩
# 김동식

# 북한에 납치된 대북공작관 정구왕

# 1부

# 인간 병기 남파간첩

## 김동식

# 간첩전쟁

## 김정일의 의도로 제조된 스파이

그의 정체가 궁금했다. 첩보 소설의 주인공으로 나올 법한 화려한 경력이 신비감을 더했다. 2024년 2월 29일 오후 서울의 모처에서 그를 기다렸다. 묘한 긴장감과 흥분이 교차했다.

험난한 그의 삶이 투사된 눈빛과 표정은 거칠고 매서워야 했다. 전사(戰士)의 날카로움을 기대했다. 그러나 반가운 실망이었다. 인상은 친근하고 담백했다. 평양 톤이 살짝 섞인 서울 말투는 과장이나 꾸밈이 없이 솔직했다. 168㎝의 몸매는 여전히 다부졌지만 60여 년 세월의 무게를 피할 순 없었다.

김동식(존칭 생략). 1995년 국내 신문의 1면을 장식했던 '부여 무장간첩 사건'의 장본인이다. 당시 국내에 침투한 그는 암약 중이던 북한 고정간첩과 접선하려다 발각되자 경찰과 총격전 끝에 장딴지에 관통상을 입고 생포됐다. 교전 중 총상을 입은 경찰관 2명이 순직하자 사회적 공분이 김동식을 덮쳤다. 사형수의 갈림길에 섰던 그는 구사일생으로 목숨을 건진 뒤 전향했다.

---

### '간첩' 김동식 파일

- 출생 : 1962년 황해남도 용연
- 대학 : 김정일정치군사대학
- 직업 : 남조선 혁명가, 대남공작원
- 경력 : 대한민국에 두 차례 침투한 남파간첩
- 특징 : 10년의 지옥훈련으로 완성된 인간 병기

---

2024년 4월, 시내 한 건물 앞에서 하늘을 응시하는 김동식의 모습. ⓒ권혁재

## 남조선 혁명가의 진솔한 고백

우리는 김동식과 파란만장한 그의 인생에 관해 깊은 대화를 나눴다. 북한식으로 표현하면 '남조선 혁명가'로, 한국식으로는 '남파간첩'으로 완성되는 여정을 그는 생생하게 회상했다.

18세 청년이던 김동식은 이유도, 목적도 모른 채 김정일정치군사대학에 선발돼 입학했다. 그곳에서 4년 동안 지옥훈련을 통해 담금질하며 '인간 병기'로 양성됐다. 이후 5년 동안 외부와 차단된 초대소에 수용돼 밀봉(密封) 교육과 적구화(敵區化, 남한 사람 만들기) 교육을 받은 뒤 엘리트 대남공작원으로 재탄생했다.

그와 늦은 밤까지 저녁과 반주를 함께 하기도 했다. 술잔이 몇 순배 돌아가면서 그가 털어놓은 속내는 더욱 진솔해졌다. 타의에 의해 공작원이 된 삶의 궤적, 북한의 독재 체제에 대한 회의, 3남 2녀의 맏아들인 자신 탓에 부모와 형제들이 숙청당했다는 애틋한 사연을 거침없이 풀어놨다. '영화보다 극적'이란 상투적 표현이 어색하지 않았다.

김동식은 분단의 비극이 빚어낸 남북 간첩전쟁의 희생양이었다. 그래서 하고 싶은 반란의 꿈이 있다고 고백했다.

**북한 스스로는 절대 안 변합니다. 변하면 망하는 겁니다. 그들(북한 정권)이 가르쳐준 것(남한의 자본주의 체제를 전복하는 남조선 혁명 전사의 임무)을 그대로 되갚는 일(북조선 혁명)을 벌이고 싶습니다.**

김동식이 검거된 '부여 무장간첩 사건'을 보도한 1995년 10월 25일자 중앙일보 1면 기사. ⓒ중앙포토

## 간첩 탐구의 실마리가 된 DJ 수난사

여기까지 읽은 독자라면 자연스럽게 이런 의문을 품게 마련이다.

"뜬금없이 웬 간첩 타령인가?"

"요즘 대한민국 땅에 간첩이 있기나 한 건가?"

이 책을 기획한 동기를 설명할 필요가 있겠다. 필자가 2023년 중앙일보에 연재한 '김대중 육성 회고록'이 실마리였다. 김대중(DJ) 전 대통령이 정치적 고비 때마다 터진 간첩 사건과 색깔론 시비에 휘말리며 수난을 당했던 사실에 주목했다. DJ가 김영삼(YS)과 각축을 벌인 1992년 14대 대통령선거를 코앞에 두고 '남한조선로동당 중부지역당 간첩단 사건'(1992년 10월)이 공개됐다. DJ는 회고록에서 "대남공작 총책인 간첩 이선실이 우리 집에 와서 아내(이희호 여사)와 기념사진을 찍었다는 소문을 퍼뜨리며 내가 간첩단 사건에 연루된 것처럼 (안기부 등이) 흘렸다. YS에게 유리하도록 판을 흔들려는 불순한 의도였다"고 회고했다. 실제로 DJ는 졌다.

1997년 15대 대선을 앞두고는 오익제 천도교 교령의 월북 사건 등 '북풍(北風)'이 선거판을 뒤흔들었다. 오익제는 DJ를 대통령 후보로 추대한 새정치국민회의 고문이었다. 북풍이 더 거셌다면 DJ의 승리는 물거품이 됐을 것이다.

## 간첩·수사관·운동권 만나 증언 청취

간첩 사건이 대한민국 역사를 요동치게 했던 사례들은 DJ 외에도 허다하다. 그 실체적 진실에 대한 기자적 호기심이 발동했다. 취재팀은 지난해 초부터 간첩의 세계를 쫓아 동분서주했다.

남파간첩과 북파간첩, 남북을 오간 이중간첩, 간첩 잡는 수사관들, 간첩을 연구하는 학자, 주사파 운동권 인사, 탈북자 등 50여 명을 일일이 만났다. 간첩을 둘러싼 다양한 생각과 시각을 채집했다. 얼굴을 감춰 달라는 취재원의 숨겨진 비밀, 간첩 누명의 억울함, 주체사상을 신봉했던 젊은 날에 대한 회한 등 갖가지 체험담과 무용담을 청취했다.

이런 도정에서 운도 따랐다. 위에서 언급한 중부지역당과 북풍 두 사건에 관여한 남파간첩과 북파간첩을 접촉했다.

김동식은 서울에 침투해 중부지역당 조직 공작에 참여했다. 조선노동당 정치국 후보위원(서열 22위) 이선실(DJ가 거론한 이선실)을 대동하고 평양으로 복귀해 공화국영웅 칭호를 받았다.

1996년 1월 26일 김동식이 국가보안법 사건 증인으로 출석하기 위해 서울중앙지법에 들어가던 모습.ⓒ 중앙포토

## 제주·창원·청주에서 현재진행형인 간첩전쟁

취재원들의 증언들을 취합하면 이렇게 요약할 수 있다.

간첩전쟁, 분단 이후 남북한 대결 구도를 관통하는 끝나지 않은 전쟁이다.

남북관계를 "적대적이고 교전 중인 두 국가"라고 천명한 김정은의 선언(2023년 12월 30일, 노동당 중앙위원회 전원회의)처럼, 간첩전쟁은 정규전을 대신해 도도히 흘러왔고, 앞으로도 그럴 것이다.

---

**'남북 간첩전쟁' 주요 사건들**

- "박정희 모가지 따러 왔수다"라고 떠벌린 김신조의 1·21 청와대 습격 사태(1968년) 등 무장공비 침투 사건
- 김현희의 KAL기 폭파 테러(1987년), 북한 최고위층 귀순자 이한영 암살(1997년) 등 직파간첩 사건
- 일심회(2006년), 통합진보당 내란 선동(2013년) 등 주사파 출신들이 연루된 사건
- '흑금성' 이중간첩 논란(2010년)
- 유우성 등 간첩 조작 사건(2013년)

---

우리의 과거는 수많은 이름의 간첩 사건들로 점철됐다고 역사는 말한다. 오늘날이라고 다를까?

현재 재판 중인 간첩 혐의 사건들

- 제주의 '◌ ㄱ ◌'('한길회'의 초성으로 추정됨)
- 창원의 '자주통일민중전위'(자통)
- 청주의 자주통일충북동지회
- 민주노총 침투 간첩 의혹

현재까지도 법정에서 이적 행위와 간첩 혐의를 두고 공방을 벌이고 있는 사건들이다. 충북동지회(일명 청주간첩단) 사건에서는 2024년 2월 1심 법원이 피의자 3명에게 징역 12년을 선고했다. 같은 해 7월 북한의 지령을 받고 간첩 활동을 한 혐의로 기소된 민주노총 전 조직쟁의국장에게는 징역 15년이 선고됐다. 간첩전쟁은 현재진행형이다.

## 대남 전략 꿰뚫고 있는 김동식

김동식과의 조우는 남파간첩의 참모습을 파악하는 데 제격이다.

"강철 체력, 주체사상 신봉, 군사·기술적 지식, 포섭 능력을 완비한 최고급 대남공작원을 육성하라"는 김정일의 지도에 따라 '제조'된 간첩이 바로 김동식이었다.

남한에 사는 김정일정치군사대학 출신의 공작원·전투원은 모두 5명이다. 검거되거나, 월남 귀순하거나, 제3국에서 망명한 경우다. 그중에서 김동식은 노동당 대외연락부 소속 공작원으로서 김정일정치군사대학 전투원반을 졸업하고 남파공작 임무를 수행한 유일한 인물이다.

김동식만큼 북한의 정서, 간첩 운용 방식, 대남 전략을 샅샅이 꿰뚫고 있는 인물은 극히 드물다. 북한을 떠난 지 꽤 시간이 지났지만, 그는 간첩에서 간첩 잡는 일을 돕는 전문가로 변신하며 북한을 연구해 왔다. 그래서 그의 지적은 경청할 만하다.

**'간첩이 없다'는 말은 북한을 모르는 철없는 소리입니다. 간첩을 양성하는 김정일정치군사대학이 그대로 있고, 문화교류국 등 대남공작기구가 건재하다는 얘기는 뭘 뜻합니까? 지금 이 시각에도 어떤 형태로든 간첩을 길러내고 있다는 확실한 방증 아닌가요?**

## 남한 신문·가요·드라마 배우는 적구화 교육

그는 엘리트 의식과 자존심이 강했다. 노동당 사회문화부에 소속된 최고의 대남공작원이었다. 사회문화부는 공작원을 양성해 대한민국 내부에 침투시켜 비밀지하조직(지하당)을 구축하고 간첩이나 지하조직을 관리하는 임무를 맡고 있다. 북한의 대남공작 부서 명칭은 문화연락부→대남연락부→사회문화부→대외연락부→225국→문화교류국으로 수시로 개칭해오고 있다. 그가 들려준 일화는 김정일정치군사대학의 위상을 짐작하게 한다.

북한 노동신문이 2024년 4월 11일 김정은 총비서가 '김정일군정대학'을 현지지도했다며 보도한 사진. 이 때문에 김정일정치군사대학이 김정일군정대학으로 개칭한 것 아니냐는 오해와 혼란이 잠시 있었다. 김정일군정대학은 '조선인민군 중대 정치지도원'을 양성하는 교육기관으로서, 남조선 혁명가를 양성하는 김정일정치군사대학과 완전히 분야가 다른 대학으로 알려져 있다. 김동식은 "김정일군정대학 명칭 가운데 '군정'의 의미가 '군사정찰'의 약자가 맞는다면 북한군 정찰총국 산하 압록강대학(북한군 정보 및 정찰 요원 양성) 명칭을 개칭한 것일 수도 있지만, 추정일 뿐 정확하지 않다"고 전했다. ⓒ북한 노동신문

김일성종합대학 가는 애들은 우리 쪽(김정일정치군사대학)에 못 와요. 김일성종합대학은 1년에 5000-1만 명 정도 뽑아요. 그런데 김정일정치군사대학은 1년에 200명만 입학합니다. 김일성대학은 교육부에서 맡지만, 우리는 (북한 최고 의사결정 기구인) 노동당에서 직접 관장하는 등 학생 선발과 대우에서 차이가 있지요. 특히 대남공작원은 한 해 200명 졸업생 중 5-6명에 불과합니다. 최정예라고 할 수 있지요.

기억력은 비상했다. 자신의 과거 행적과 관련된 인물들의 이름, 특이점, 대화 내용, 장소 등을 소상히 그려냈다. 적구화 교육 중 배운 1980~90년대 한국 문화에 대해 빠삭했다. 이런 식이다.

조용필의 '돌아와요 부산항에'를 부르고 김수희·윤복희·하춘화·심수봉의 노래와 가수 이름을 외웠지요. 북한에는 야구가 없어 남한의 녹화 TV 테이프를 보며 '저 사람이 이만수야, 선동열이야' 하며 야구 룰과 선수 이름을 암기했어요. '중앙일보' '신동아' 등을 읽었고, 드라마 '모래시계'를 재미있게 봤습니다.

## 김정일대학, 인간 병기를 제조하는 용광로

직접 체험하지 않고는 알 수 없는 훈련 과정을 자세히 묘사했다. 하나의 사례다.

저희는 행군을 구보로 합니다. 매일 저녁에 20kg 모래 배낭을 메고 10km씩 뜁니다. 한 달에 한 번은 40km 마라톤 거리를 20kg 모래 배낭을 메고 4시간 안에 주파해야 합니다. 어떤 쇠든 녹여 강철로 만든다는 '용광로'에 훈련을 비유합니다. '펄펄 날아다닌다'는 말이 있지요. 10년을 매일 훈련하다 보면 몸이 저절로 날아다닙니다.

그는 남한에서 국군기무사령부 분석관과 국가안보전략연구소 연구위원을 지내며 북한대학원대학교에서 북한학 박사 학위를 땄다. 얼마 전부터 '사단법인 북한전략센터 이사장'으로 활동하고 있다.

잠시, 1981년 3월의 어느 봄날로 돌아가자. 평양의 김정일정치군사대학에 입학하자 노동당 간부가 그를 불러 통보했다. 그의 운명은 그렇게 결정됐다.

**동무는 친애하는 김정일 동지의 신임과 배려에 의해 남조선 혁명가 대열에 들어서게 됐소.**

# 74세 할머니 간첩 이선실

## 포섭 타깃은 김부겸

**남조선에 남파된 '북악산'을 접선해 대동(帶同) 복귀하고, '백암산'을 접촉해 지하당 조직을 구축하라.**

1990년 4월, 공작 명령이 하달됐다. 노동당 대외연락부 부부장(차관급) 이원국이 조장 권중현–조원 김동식으로 구성된 2인조 남파공작조를 찾아와 직접 지시했다.

**동지들에 대한 친애하는 지도자 동지의 신임과 배려가 큰 만큼 공작임무를 성과적으로 완수해 반드시 보답하기 바랍니다.**

공작대호(코드 네임)는 '오성산'으로 명명됐다. 두 개의 격렬한 감정이 김동식을 지배했다.

해방감이 우선 몰려왔다. 김정일정치군사대학 4년, 밀봉 교육과·적구화 교육 5년 등 1981년부터 장장 10년에 걸친 세뇌적 사상무장과 냉혹한 지옥훈련을 견뎌냈다. 그 인고의 세월에서 벗어나 실전에 투입된다는 자기실현감이었다.

남파공작의 짐이 짓누르는 압박감이 교차했다. 공작대호 '북악산'과 '백암산'라고 불리는 생면부지의 낯선 인물들을 상대로 가보지 않은 길을 개척해야 하는 28세 청년의 심리적 부담감이 무거웠다.

## 북악산·백암산 정체 담긴 극비 파일

김동식은 대외비 파일에 접근했다. 북악산은 10년 동안 남한에서 암약해 온 여성 고정간첩이었고, 백암산은 북악산이 포섭했다는 남한 운동권 출신 30대 정치인 K라는 사실이 담겨 있었다. 김동식은 취재팀에게 이렇게 증언했다.

**공작 임무를 부여 받을 당시 공작부서에서 북악산과 백암산의 실명 등 인적 사항과 활동 내용이 기록된 인물파일을 가져다 줘 그들의 실체에 대해 구체적으로 파악할 수 있었습니다.**

공작대호는 포섭 대상 또는 공작원·공작조의 이름이나 조직 명칭을 대신해 보안 유지를 위해 사용하는 암호명, 즉 코드 네임이다. 북한은 '북악산' '성남천' 등 산과 강 이름을 자주 붙인다. '광명성' '봉화1호'처럼 상징적인 명칭을 쓰기도 한다. '운동권'이란 표현은 당시 북한 대남 공작부에서 사용하는 용어였다.

김동식 공작조는 전술안, 즉 액션 플랜 짜기에 본격적으로 돌입했다. 작은 빈틈에 자칫 목숨이 날아갈 수 있다. 침투 시 직면할 각종 돌발 상황에 대비한 가상 시나리오를 작성하고 대응책을 반복해 실습했다. 신분 위장, 침투, 접선, 포섭, 지하당 건설, 무전 통신 등 공작 활동에 요구되는 필수사항부터 신분 노출 시 행동, 현지 물가를 고려한 하루 생활비 등 세세한 항목까지 챙겼다.

공작조가 세운 액션 플랜은 담당 지도원→과장→부부장 라인에서 단계별로 치열한 토론과 합의를 거쳐 최종적으로 완성됐다. 손글씨로 쓴 액션 플랜은 300여 쪽에 달했다.

장비가 지급됐다. 침투 복장, 총과 실탄, 수류탄, 공작금, 위조 신분증 등을 고무풍선에 하나씩 넣어 방수 포장을 마쳤다. 남파 D-Day만 남았다.

## 침투 장기화와 성적 욕구의 충돌

액션 플랜에 담기는 사항 중 흥미로운 점이 하나 있다. 여자 문제, 즉 성욕을 어떻게 자율적으로 통제할지다.

공작원들이 남한에 잠입하면 몇 개월씩 장기간 암약한다. 적구화(敵
區化, 남한 사람 만들기) 교육에서 술집이나 사창가, 콘돔 사용법도 학습한
다. 공작원도 인간이다. 자유분방한 남한 사회에 내려오면 성적 호기심
이나 욕구를 참지 못할 수 있다. 그런 유혹에 빠져 '외도'하는 경우를 대
비한 액션 플랜을 염두에 둘 필요가 있었다.

공작원들은 남파됐다가 복귀하면 반드시 신체검사를 한다. 남한에
침투했던 공작원 중 퇴폐업소나 집창촌에 갔다가 성병에 걸려 돌아온
사례가 이따금 들려왔다. 그들은 비난과 불명예를 뒤집어쓰고 조용히
사라졌다. 부부장과 반주를 하면서 식사하는 기회가 있었다. 성적 충동
을 어떻게 조절할지 어렵게 운을 뗐더니, 대답은 간단명료했다.


**남한 현지에 가서 여자 문제가 생겼을 때 어떻게 하면 되겠습니까?**
**(공작조)**
**조르게처럼 하면 되겠소. (부부장)**


김동식은 소련의 전설적인 스파이였던 리하르트 조르게(Richard
Sorge, 1895~1944)의 명성을 알고 있었다. 그의 삶을 다룬 영화 '조르게
씨, 당신은 누구인가요?'(Qui êtes-vous, Monsieur Sorge?, 1961년 프랑스
등 합동 제작)를 본 적도 있었다.

소련의 전설적인 스파이 리하르트 조르게 얼굴 사진을 넣은 영웅 기념 우표(왼쪽). 사후 21년(1965년) 만에 발행됐다. 오른쪽은 러시아 수도 모스크바에 세워진 조르게 조각상. ⓒ중앙포토

## '스파이의 전설' 조르게처럼 여성을 대하라

조르게는 독일 국적이었으나 공산주의에 심취해 소련으로 이주한 뒤 간첩으로 발탁됐다. 1932년 독일 신문의 특파원으로 위장, 일본으로 건너가 주일 독일대사와 일본 권력층에 접근했다.

그러던 41년 6월 나치 독일이 소련을 침공했다. 9월에 들어서자 모스크바가 추풍낙엽의 위기에 처했다. 스탈린은 망설였다. 만주에서 일본 관동군과 대치 중인 소련 극동군을 모스크바로 돌리고 싶었지만, 일본의 기습 침공이 두려웠다. 이때 조르게의 정보가 소련 정보부에 타전됐다.

일본군은 북방으로 진격하지 않는다. 석유자원 확보를 위해 동남아로 남진한다.

스탈린은 극동군을 모스크바 방어에 투입했다. 독일군의 기세가 꺾이면서 퇴각했다. 소련은 기사회생했다.

조르게의 정보가 2차 세계대전의 흐름을 뒤집었다. 조르게는 독일 대사의 부인 등 고위급 인사 부인들과의 잠자리도 마다치 않는 등 여성들을 기밀 수집과 공작에 활용했다. 그는 1944년 11월 일본 형무소에서 형장의 이슬로 사라졌다.

김동식은 '조르게처럼 하라'는 부부장의 말을 이해했다. 공작원들이 임무 수행 과정 중 불가피하게 여성과 접촉할 경우 능동적으로 활용하되 빠져들지는 말라는 뜻이리라.

## 남포 출발, 4일 만에 서귀포 침투

1990년 5월 26일, D-Day가 왔다. 권중현-김동식 공작조는 평양 초대소를 떠나 남포항에서 '전투선박'이라고 불리는 공작선에 승선했다. 길이가 약 30m 정도 되는 철제 선박이었다. 내부에는 고도의 특수훈련을 받은 20여 명의 전투원과 무장 장비가 탑재되어 있었다. 장착된 고성능 엔진은 최고 40노트 이상의 속도를 낼 수 있었다.

1998년 12월 남해안 침투 도중 격침된 북한 반잠수정이 1999년 3월 거제도 남방 100km 해상에서 해군의 해난구조 대원들에게 3개월 만에 인양되고 있다.ⓒ중앙포토

공작조는 중국 산둥반도를 거쳐 4일 만인 30일 새벽 제주도 남단 공해상에 도착했다. 이어 반잠수정에 옮겨 타고 잠수와 수영으로 칠흑 같은 어둠을 뚫고 제주도 서귀포시 보목동 해안에 상륙했다. 북한으로 복귀하는 전투원들에게 당부했다.

**당과 수령을 위해 맡겨진 임무를 완수하고 돌아가겠다고 전해 주시오.**

북한에서 수립한 액션 플랜대로 작전에 돌입했다. 야밤에 서귀포시 KAL호텔 인근 묘지까지 행군했다. 주변의 소나무 밑에 입고 왔던 옷가지와 공작 장비를 파묻었다. 단파무전기 2대, 벨기에제 브라우닝 권총

서울 용산구 전쟁기념관에 전시된 북한 무장 간첩의 무기. 성능이 좋은 해외 권총에
소음기를 장착한 뒤 반입했다.ⓒ김민상

2정과 실탄, 수류탄 4발, 야간투시경 1개 등이었다. 다른 공작조에 넘겨
주기 위해 서울 수유동에 묻기로 한 5만 달러의 공작금도 따로 매몰했
다. 내륙으로 반입할 여건이 되면 다시 파서 가져갈 생각으로 약도를 그
려서 품에 넣었다.

## 북한에서 배운 서울말, 의심 안 받아

남한에서의 첫 아침을 맞았다. 서귀포 시내 동명백화점까지 택시를
타고 가는 일정이 예정됐다. 철저한 적구화 교육을 받았다고 하지만 남
한은 난생처음이었다. 진짜 남한 사람과 대화를 나눠본 적도 없었다. 택

시기사가 북한 억양이 섞인 말투를 알아챌까 두려웠다.

권중현은 적구화 교육을 받았지만, 북한 사투리가 억셌다. 김동식이 나서야 했다. 머릿속으로 수없이 같은 말을 되뇌며 연습했다. 택시에 올라 용기를 냈다.

**동명백화점까지 가주세요.(김동식)**

**네. (택시기사)**

그의 서울말이 통했다. 택시기사가 목적지로 차를 몰았다. 처음으로 현지인에게 건넨 그의 어투와 억양에 아무런 의심도 사지 않았다. 자신감이 붙었다. 서귀포 시내에서 음식점, 다방, 극장, 백화점을 거침없이 돌아다닌 뒤 여관에 투숙했다. 무슨 일이든 처음이 어려운 법이다.

2박 3일 동안 서귀포에 체류하고, 내륙으로 잡입할 준비에 착수했다. 침투 때 가져온 무전기와 권총 등 공작 장비들을 휴대할 수 있을지 살폈다. 제주 여객선터미널 사정을 꼼꼼히 체크한 결과, 공작 장비의 반입은 포기했다. 갖고 있던 공작금 3만 달러만 가져가기로 했다.

여객선 편으로 목포에 간 뒤 다시 기차 편으로 서대전역을 거쳐 유성에 도착, 리베라호텔 근처의 '벌나비' 하숙집에 여장을 풀었다. 남한에 침투한 지 10일이 지나자 남한의 환경과 문화에 익숙해졌다. 남파 목적 중 하나인 북악산과의 접선을 실행하기로 했다. 김동식은 북악산에게 공중전화를 걸어 만나자고 했다. 유성에서 서울 동작구 대방동에 있는 북악산의 집에 찾아갔다. 표식물인 북악산의 반지를 확인했다. 접선은 성공이었다.

## 거물 여성 고정간첩 이선실과의 접선

공작대호 북악산은 이선실이었다. 북한 노동당 서열 22위의 거물 여간첩이었다. 지난 10년간 남한에서 암약했지만, 그녀의 정체를 그때까지 남한 사람들은 아무도 몰랐다. 당시 그녀는 74세였다.

김동식 공작조가 접선하고 2년여 뒤인 1992년 10월 남한 사회가 '남한조선노동당 중부지역당 간첩단 사건'으로 발칵 뒤집어졌다. 그 배후의 인물로 이선실의 존재가 탄로 났다. '할머니 간첩'이라는 별명으로 유명해지기도 했다. 물론 그녀가 남한을 탈출한 이후의 뒷북이었다.

김동식이 북한에서 받은 '이선실 파일'에는 그녀의 궤적이 구체적으로 담겼다. 이선실은 1916년 11월 제주도 남단의 작은 섬 가파도에서 태어났다. 본명은 이화선(李花仙). 이선실은 80년 10월 개최된 노동당 대회에서 노동당 정치국 후보위원으로 임명할 때 공개한 가명이다.

해방 전부터 공산주의에 빠진 이선실은 해방 후 김달삼(1923~50)의 지도를 받으며 활동했다. 김달삼은 남조선로동당(남로당) 제주도당 군사부장 겸 유격대 사령관으로서 제주 4·3 사건을 주도하고 월북한 것으로 알려졌다.

## 김일성이 지명한 노동당 남조선 총책 이선실

그 후 부산으로 옮긴 이선실은 남로당에 가입해 여맹(여성동맹) 간부로 있다가 북한으로 도주했다. 이후 김일성에게 "조국통일사업에 일생을 바치고 싶다"는 탄원서를 올리고 공작원에 뛰어들었다. 1970년대 일본에 잠입한 그녀는 남한의 전주 출신 재일교포 '신순녀'를 북송한 뒤 자신의 신분을 신순녀로 둔갑시키고 호적에 올리는 데 성공했다.

'합법적인' 신분 세탁을 통한 침투 루트 개발은 북한의 대남공작 사상 전례가 없는 전무후무한 공적이었다. 그런 공로를 인정받아 이선실은 1979년 북한에서 김일성을 접견했다. 김일성은 "대단한 일을 했다"고 치하하며 지시했다.

남파간첩 이선실.ⓒ중앙포토

**동무는 앞으로 남조선에 들어가 조선노동당 남조선지역 총책임자로 활동하시오. 남조선에 장기적으로 잠복해 혁명의 지지자·동조자를 확보하시오.**

이듬해인 1980년 봄, 이선실은 남한 당국의 영주 귀국 허가를 받고 남한에 당당하게 침투했다. 남한에서 암약 중이던 그해 10월에는 정치국 후보위원에 올랐고, 1982년 최고인민회의 대의원으로도 선출되는 등 승승장구를 거듭했다.

김동식 공작조는 이선실이 신분 세탁한 '신순녀'의 고향 전주에서 취직 때문에 올라온 조카들로 위장했다. 이선실이 살던 집의 빈방을 쓰면서 북한에서 하달받은 작전에 착수했다. 김동식은 이선실의 첫인상을 털어놨다.

**함께 살면서 곁에서 본 이선실은 상당히 머리가 좋고 자존심과 함께 고집이 유달리 강한 여성이었습니다. '내가 10년 동안 해놓은 것이 없어 (북한에) 복귀하지 못하고 있다'는 하소연도 했지요.**

## 백암산은 김부겸…포섭에 실패

이선실 접선에 이어 백암산 접촉에 나설 차례였다. 이선실이 "전취(戰取)했다"고 보고한 백암산은 당시 33세 정치인이던 김부겸 전 국무총리(이하 존칭 생략)였다. 1970~80년대 시국 사건에 연루돼 대학 제적과 복학을 반복하던 운동권 출신으로 이선실이 접근하던 시기에는 김부겸이 정계에 입문한 상태였다. 김동식 공작조가 이선실에게 요청했다.

**김부겸을 만나 당신의 정체를 정확히 밝히고, 북한에서 당 연락원이**

왔으니 만나보라고 권유해 주세요

이선실은 김부겸을 만났다. 하지만 성과가 없었다. 김동식이 취재팀을 만나 전한 전말은 다음과 같다.

**이선실은 김부겸에게 돈을 빌려줄 정도로 꽤 잘 아는 사이라고 했다. 그러나 김부겸에게 '평양에서 손님이 왔다. 만나 보시라'고 했지만 거절당했다. 김부겸은 '할머니(이선실)가 과거 빨치산 활동하신 분 정도로 알고 있었지 북한에서 파견된 사람인 줄은 전혀 몰랐다. (평양에서 온 공작조를) 안 만나겠다'고 했다. 이후 이선실이 김부겸을 두 차례 더 만났으나 설득하지 못했다.**

이선실의 어설픈 공작은 실패로 끝났다. "이선실이 포섭한 백암산 김부겸을 접촉해 지하당 조직을 구축하라"는 지령은 이선실의 과장된 보고에 기초한 것이었을 개연성이 크다. 이선실이 자신의 존재감을 과시하려고 북한 권력층에 허위 정보를 올렸다고 추정할 수 있다.

## 또 다른 운동권 인물 H, K

김부겸은 자서전 『나는 민주당이다』(2011년)에서 이선실과의 악연을 해명했다.

1988년 당시 진보정치연합 대변인으로 활동하던 나는 장모님과 알고 지낸다는 할머니 한 분을 만났는데 가끔 우리 집을 찾아와 혁명 이야기를 꺼냈고, 난 앞으로 찾아오지 말라고 선을 그었다. 3년 후 간첩단 사건이 터졌고, 핵심 인물로 발표된 북한 공작원이 바로 이선실, 내가 아는 신씨 할머니였다.

김부겸은 1993년 이선실이 간첩인 줄 알면서도 신고하지 않고 만난 혐의(국가보안법상 불고지죄)로 구속 기소돼 징역 1년에 집행유예 2년을 선고받았다.

김부겸 포섭 무산은 타격이 컸다. 기필코 만회해야 했다. 김동식 공작조는 2차 공작에 나서기로 결단했다. 이선실과 김부겸 접촉 외에 또 다른 운동권 인물 H와 K를 포섭하라는 밀명을 행동에 옮기는 것이다. 이번에는 성공해야 하는 절체절명의 상황에 처했다.

# 조르게는 어떻게
# 불멸의 스파이로 남았나

　북한의 대남공작 책임자는 왜 남파를 앞둔 김동식에게 리하르트 조르게(Richard Sorge · 1895~1944)를 스파이의 모델로 거명했을까. "조르게처럼 하라"고 했다는데 그 속에 담긴 뜻은 무엇인가.

　약간 미심쩍어 김동식에게 "정말 부부장(차관)이 조르게 얘기를 했냐"고 확인차 다시 물었다. "그렇다. '조르게가 스파이 활동을 하면서 실제로 여자를 많이 건드렸지만, (스파이로서) 필요한 정보는 다 빼냈다'고 말했다"는 답이 돌아왔다.

　김동식이 전한 남파공작원의 생물학적 고민은 구체적이었다. 1990년대 남파된 북한 공작원은 장기간 체류했다. 그들 대부분은 왕성하게 성적 충동을 느끼는 20~30대 나이였다. 절체절명의 임무를 수행하는 스파이라도 인간적인 욕구로부터 완전히 자유로울 수는 없었다. 김동식은 1990년 1차 침투 땐 144일 만에 북한으로 귀환했고, 1995년 2차 침투 땐 55일 동안 머물다 체포됐다.

"조르게처럼 하라"는 비유는 여성 편력이 있었지만 임무 수행에서는 철저했던 조르게를 배우라는 복선이 깔렸던 것으로 보인다. 조르게는 '세계사의 흐름을 바꾼 전설의 스파이'로 평가된다. 그의 행적을 좇으면 '조르게처럼 하라'는 말의 의미에 근접할 수 있다.

### 두 개의 조국, 독일과 소련

조르게는 1895년 제정 러시아의 캅카스(아제르바이잔) 수도 바쿠에서 독일인 아버지와 러시아인 어머니 사이에서 태어났다. 유전 기술자로 일하던 아버지가 실직하자 함께 독일 베를린으로 이주했다. 그는 1914년 19세 때 1차 세계대전이 터지자 독일군 병사로 참전해 중상을 입었다. 평생 발을 절게 된 그는 전쟁에 환멸을 느끼고 마르크스주의에 심취했다. 함부르크대에서 정치학 박사학위를 딴 뒤 독일공산당(KPD)에 입당하고 급진적 사회주의 운동에 앞장서다 직장을 잃었다.

독일에 회의를 느끼고 모스크바로 간 조르게는 코민테른(공산주의 인터내셔널)에 가입하고 러시아 시민이 됐다. 이후 소련의 정보기관에서 정보 분석가로 일하던 1929년, 소련군 총참모부

산하 제4국(정보국, GRU)에 스파이로 발탁됐다. 준수한 외모, 친화력, 공산주의자, 외국어(러시아·프랑스어·영어 등 6개 국어) 능력이 GRU 간부의 눈에 들었다.

## 언론인으로 위장한 스파이

1930년 조르게는 중국 상하이에서 독일 언론인으로 위장해 3년 동안 활동한 뒤 모스크바로 돌아왔다. 이어 '람차이'(Ramzai 또는 Ramzay)라는 암호명을 받고 독일을 거쳐 일본에 잠입하라는 임무를 받았다. 독일로 건너간 그는 나치당에 가입하고 독일 여권을 취득한 뒤 유력지 '프랑크푸르트 차이퉁'의 도쿄 특파원으로 신분을 세탁했다. 당시 동북아는 요동쳤다. 1931년 9월 만주(중국 동북 3성)사변이 일어나고 관동군(만주국 주둔 일본군)과 소련 극동군이 대치했다. 당시 소련의 최대 안보 위협은 일본이었다. 두 개의 공작 교두보를 구축하는 게 급선무였다.

첫째, 일본 정부와 군부의 동향을 파악하는 일본 내 인적 네트워킹이었다. 상하이 체류 시절 친분을 맺게 된 '아사히신문' 기자 출신 오자키 호쓰미(尾崎秀實)를 통해 고노에 후미마로(近衛文磨) 총리 측에 접근하는 통로를 뚫었다.

둘째, 주일 독일대사관 내 협조망이었다. 대일관계 강화를 모색하던 나치 독일의 의도와 동향을 파악하는 일이었다. 독일 체류 때 소개받은 도쿄 주재 독일대사관의 오이겐 오트 대사와 브로맨스를 나눌 정도의 절친한 친구가 됐다.

### 소련을 구한 첩보 입수

**독일 정부가 6월 말 소련을 공격한다고 오트 대사에게 통보했다. 오트 대사는 전쟁이 시작될 것이라고 95% 확신했다. 170~180개의 기계화 사단이 이미 소련 국경에 가까이 있다.**

1941년 5월 31일, 조르게는 이런 전문을 GRU에 급히 타전했다. 그는 오트 대사의 금고에서 히틀러의 소련 침공 계획인 바르바로사 작전(Operation Barbarossa)의 세부 사항을 입수했다. 군대 배치, 무기 이동, 공격 날짜에 대한 세부 정보가 담겼다.

독재자 스탈린은 정보를 묵살했다. 조르게를 이중스파이로 의심했다. 그러나 조르게의 보고대로 그해 6월 나치 독일은 소련으로 진격, 모스크바 함락을 눈앞에 뒀다. 스탈린은 극동 · 시베리아 부대를 빼내 병력을 보강, 독일군을 저지해야 하는 절박한 상황에 직면했다.

당시 나치 독일은 일본에 소련을 공격하도록 외교 교섭을 벌이고 있었다. 소련은 동서 양쪽에서 협공을 받는 백척간두의 위기에 처했다. "일본군이 시베리아로 북진해 올 것인가?" 스탈린은 다급했다. 일본 관동군의 침략 가능성을 놓고 소련 극동·시베리아 부대를 뺄지 말지 도박을 걸어야 하는 순간이었다. 스탈린의 고민이 깊어지고 있을 때였다.

　**일본은 북방으로 진격하지 않는다. 석유 자원 확보를 위해 미국을 표적으로 인도차이나를 공격하기 위해 남진한다.**

　9월 14일, 조르게는 GRU에 새로운 정보를 또 타전했다. 일본 총리와 가까운 언론인인 오자키 호쓰미로부터 얻은 극비 정보였다. 스탈린이 그 당시 일본군이 프랑스령 사이공에 진주하자, 미국은 일본에 대한 석유 수출을 금지하면서 일본을 통제하려 했다. 그러자 일본은 인도네시아의 석유에 주목했다. 일본 군부가 남방 공격 방침을 정했다는 점을 조르게는 예리하게 탐지했다.

　스탈린은 극동·시베리아 부대를 모스크바로 이동시키기로 결단했다. 겨울의 혹한이 빨리 왔다. 독일군의 기세가 꺾이고,

히틀러는 파멸에 빠졌다.

## 블랙의 숙명과 부활

조르게의 정보력이 현대사의 흐름을 바꿨다. 단 한 명의 스파이가 전쟁의 반전을 이뤄냈다. 2차 대전이 일본과 독일에 뼈아픈 패전과 연합국의 승리로 종결되는 결정적 계기를 만들었다. 전설로 남게 된 스파이의 힘이었다

조르게는 그해 10월 일본 정보경찰과 헌병대에 체포됐다. 8년간의 도쿄 스파이 생활이 끝났다. 스탈린은 "조르게와 소련은 관계없다"고 매정하게 선을 그었다. 일본의 포로 교환 제안도 일축했다. 신분 노출된 스파이의 효용가치가 없어지는 건 스파이 세계의 불문율이다. 버림받는 블랙 스파이의 숙명이다. 조르게는 혹독한 고문에도 '조국 소련'과의 관계를 불지 않았다. 스파이의 정석을 지켰다.  일본은 3년 조사 끝에 그의 스파이 정체를 알아내고 충격을 받았다. 조르게는 1944년 11월 7일 스가모 감옥에서 처형됐다.

조용히 형장의 이슬로 흔적도 없이 사라진 조르게가 20년 후 부활했다. 1964년 초 스탈린이 죽고 흐루쇼프 집권 때다. 흐루쇼프는 모스크바 영화제에서 출품된 '조르게씨, 당신은 누구

인가요?'라는, 1961년 제작된 프랑스·독일·일본 합작의 첩보 영화를 관람했다. 흐루쇼프는 영화의 주인공이 실존 인물임을 확인하고, '소비에트연방영웅' 칭호를 수여했다. 미국 뉴욕타임스(NYT)는 1964년 9월 5일자 신문에서 '소련이 전시 일본에서 활동한 조르게가 자국 스파이임을 인정했다'는 제목의 기사를 실었다.

### 007 본드 닮은 거침없는 여성 편력

조르게는 자신의 절친이던 오트 독일 대사의 부인 헬마와 내연관계를 맺는 등 많은 여성을 만났다. '시선을 분산시키기 위한 전략적 기만'이라는 평가도 있지만 여성 편력이 대단했던 점은 사후에 각종 증언과 문건에서 뒷받침됐다.

> 조르게는 외모, 방탕한 애주가, 병적인 여성 편력 등에서 보면 영화 속 제임스 본드와 닮았다. 조르게는 전사이자 사제였다. 자존심이 세고 호전적이며 치명적인 카리스마를 가졌다. 반면 스파이로서 엄격하게 규율을 지켰고, '사람을 편안하게 만드는 마법 같은 능력'을 발휘하며 여성들을 유혹했다.
>
> – 『공작원 소냐: 모스크바의 가장 대담한 스파이』 (벤 매킨타이어, 2020년)

조르게의 삶의 궤적을 종합해보면 그는 목숨을 바치는 절대적 충성심, 탁월한 포섭 능력, 철저한 신분 위장술을 갖춘 스파이였다. 방탕하고 문란한 사생활이 있었지만 스파이의 본분을 망각하지 않은 채 임무를 수행함으로써 스파이의 전설로 기록됐다. 북한 대남공작 부부장이 김동식과의 대화에서 성욕 문제를 거론하며 조르게를 언급한 이유는 프로페셔널한 스파이로서의 철저한 근성 때문이라고 본다. 그에 대한 찬사는 지금까지 이어지고 있다.

**적의 여권(독일 시민권)을 소지한 조르게는 적의 가슴에 붉은 깃발(소련)을 휘날렸다.**

– 『완벽한 스파이: 리하르트 조르게, 스탈린의 에이전트』 (오웬 매튜스, 2019년)

**역사상 가장 강력한 스파이.**

– 영화 007 제임스 본드의 원작자 이언 플레밍

**스파이의 끝판왕.**

– 첩보 소설가 존 르 카레

# 밤 12시
# 지령 내린 평양방송

## 'H 선생' 황인호 이야기

당 중앙위원회 위임에 따라 'H 선생'이 위대한 수령 김일성 동지와 위대한 지도자 김정일 동지가 영도하는 영광스러운 조선노동당의 당원으로 입당하였음을 선포합니다. 선생은 앞으로 조선노동당의 당원으로서 당과 수령을 위해, 조국 통일을 위해 목숨 바쳐 투쟁할 것을 기대합니다.

선생의 입당 날짜는 1990년 o월 o일입니다. 원래 노동당에 입당하면 당원증을 수여하는데, 사정상 선생에게는 당원증을 수여하지 못하고 대신 공작대호(암호명)와 연계번호를 부여하려고 합니다.

대호와 연계번호는 당원증 대신 선생이 조선노동당의 당원이라는 증표입니다. H 선생의 대호는 대둔산, 연계번호는 11호입니다. 앞으로 부득이한 사정이 발생해 북으로 들어올 경우 대사관 등에 찾아가 '대둔산 11호'라고 하면 됩니다.

남파간첩 김동식이 기억 속에서 불러낸 노동당 입당식의 한 장면이다. 1990년 5월 서울 침투 후 포섭에 성공한 'H 선생'을 상대로 그해 여름 서울에서 거행했다고 전했다.

## 노동당 입당식…"대둔산 11호 부여"

대둔산 11호의 입당식은 권중현-김동식 공작조를 위기에서 구출했다. 당시 공작조는 김부겸(전 국무총리)을 상대로 한 첫 포섭 시도가 허탕을 치면서 공작활동이 벽에 부딪혔다. 자신감을 잃고 난감한 상태였다. "김부겸을 전취(戰取)했다"는 고정간첩 이선실의 장담이 허세였기 때문이었다. 북한은 33세의 젊은 정치인 김부겸에게 '백암산'이란 공작대호까지 준비할 정도로 공을 들였다. 노동당 정치국 후보위원과 최고인민회의 대의원이던 이선실이 남한에서 10년 암약한 거물이기에 철석처럼 믿었던 게 패착이었다.

김동식 개인적으로도 낭패였다. 빈손으로 평양에 돌아갈 경우 뼈를 깎는 10년 훈련의 공든 탑이 허무하게 무너진다. 공작원으로서의 앞날도 어두워진다. 기필코 만회해야 했다. 다행히 남파 전에 받아 놓은 또 다른 밀명이 남아 있었다. 운명을 걸기로 했다.

**남조선에서 자생적으로 활동하고 있는 운동권 인물들을 포섭해 지하당 조직을 구축하라. H와 K를 포섭해 '대둔산'과 '비봉산'이라는 대호를 부여하라.**

30대 H와 20대 K를 포섭해 간첩망을 건설하라는 명령이었다. 포섭 대상자 두 명의 실명과 신상 자료 및 사상 성향이 담긴 기밀 파일을 꺼내 살펴봤다. 노동운동과 학생운동을 주도했던 인물들이었다. 만만치 않은 과제였지만 실현 가능성이 있다고 판단했다.

## 황인오 "대남공작원 증명해 보라"

34세의 H는 강원도 정선 출신의 황인오였다. 1980년 4월 강원도 정선군 사북읍에서 저임금과 열악한 환경에 분노해 파업과 유혈 시위를 벌인 동원탄좌 광부들의 '사북항쟁'을 주도한 노동운동가였다.

공작조는 이선실을 통해 황인오의 소재를 파악하는 등 본격적인 행동에 착수했다. 이선실은 당시 민주화실천가족운동협의회(민가협)에 찾아갔다. 회원으로 활동하던 황인오의 어머니 J를 접촉해 아들이 사는 서울 관악구 신림동 집 주소와 연락처를 알아냈다.

사북사태를 보도한 1980년 10월 24일자 중앙일보 지면. 이 사태로 경찰 1명이 숨지고 약 100명이 다쳤다.ⓒ중앙포토

이선실은 자신의 경력을 위장해 민가협 등 운동권 인사들에게 접근했다. "나는 일제 때 독립운동을 했고, 제주 4·3사건 희생자의 유족이다. 평생 홀로 살면서 삯바느질과 식당 운영 등으로 돈을 좀 모았는데 조국통일 사업과 민주화운동에 쓰고 싶다"고 둘러댔다.

7월 초 어느 날, 황인오 포섭 시도에 나섰다. 이선실이 황인오에게 전화를 걸어 "직접 만나 대화했으면 좋겠다"며 약속을 잡았다. 이선실은 공작조와 함께 신림동 그의 집으로 찾아갔다. 황인오를 인계받은 공작조장 권중현이 거침없이 회유작전을 폈다.

나는 북한에서 파견된 노동당 연락대표다. 황 선생이 사북사태를 영웅적으로 주도하는 등 노동자들을 위해 헌신적으로 투쟁해온 사실을 알고 있다. 황 선생을 만나보라는 김일성 주석님의 지시를 받고 찾아왔다. 북한과 협력해서 조국 통일과 변혁 운동을 위해 투쟁하면 좋겠다.(권중현)

당신이 북한에서 온 것을 어떻게 믿을 수 있겠소. 증명할 방법이 있는가.(황인오)

권중현-김동식 공작조가 만든 액션 플랜(공작전술안)은 이런 돌발상황을 예상했다. 남파공작원임을 증명할 수 있는 과학적 방법을 침투 전에 미리 학습했다. 북한의 국영 평양방송의 라디오를 활용해 약속한 멘트를 내보냄으로써 검증하는 방식이다. 미국 CIA도, 영국 MI6도, 이스라엘 모사드도 흉내 낼 수 없는 기발한 신분 증명 발상이었다. 그 이전까지 북한 공작원들은 무전기나 권총 등 무기를 보여주는 투박한 방법으로 남파간첩임을 증명했다.

북한에서 왔다는 증거를 보여주겠다. 정해진 날짜 밤 12시 평양방송(주파수 단파 6400㎑ 또는 중파 657㎑)을 청취하면 특정 이름을 거명하며 '평양에 사는 이○○씨가 서울에 사는 박○○씨에게 보내는 편지는 사정에 의해 보내드리지 못합니다'라는 여성 아나운서의 육성 멘트가 나올 것이다. 이를 확인하면 북한에서 파견된 사람이라는 것이 증명되지 않겠는가.

공작조는 평양방송의 구체적인 날짜를 다시 만나 알려주기로 하고 황인오와 1차 접촉을 마쳤다. 남파간첩이라는 자신의 신분을 노출하고, 다음 만남까지 약정했으니 포섭을 달성한 것이나 다름없었다.

황인오 접촉 결과와 약속된 신호(아나운서 멘트)를 보내 달라고 요청하는 암호 전문(電文)을 북한 공작지도부(본부)에 보내야 했다. 충북 청주시 상당산성에서 또 다른 남파공작조가 무인포스트에 숨겨놓은 무전기를 발굴, 보고했다. 무인포스트는 드보크(Dvoke)라고도 불리며 간첩들이 공작금과 장비를 비밀리 매설한 장소를 일컫는다.

김부겸이 공작조와의 접촉을 거부했다. 다른 공작 대상을 물색 중인데 황인오를 접촉했다. 그에게 우리의 신분을 확인시키려 하니 방송 신호를 내보내 달라. (김동식)

황인오가 요구하는 확인 신호를 2일 후에 방송으로 내보내겠다. 김부겸을 더 설득해 보라. 새 공작 대상도 물색해 보라. (북한 공작지도부 본부)

공작조는 황인오와 2차 접촉했다. 확인 신호가 나오는 날짜, 시간, 방송 절차를 알려주고 평양방송을 통해 확인한 뒤 회동하기로 했다. 황인오는 약속된 평양방송이 나간 뒤 공작조와 3차 접촉하며 말했다.

**당신들이 북에서 왔다는 것을 확인했다. 북한과 손을 잡고 협력해서 투쟁하겠다.**

황인오는 그로부터 2년 뒤인 1992년 10월 '조선노동당 중부지역당 총책'이란 충격적인 이름으로 등장해 세상을 놀라게 한다. 당시 국가안전기획부는 "남로당 이후 북한의 지령을 받고 활동한 최대 간첩단 사건"이라며, 황인오를 포함해 95명을 간첩 혐의로 적발했다고 발표했다.

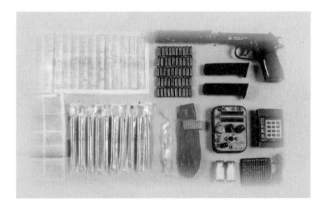

1990년대 초반 남파간첩들이 들여온 공작 장비들. 간첩들은 권총을 비롯해 북한과 무선으로 암호를 주고받을 때 쓰는 문장표와 난수표, 무전기와 메모리, 안테나선 등을 반입했다. ⓒ중앙포토

## 난수방송, 남파간첩에게 지령 하달

김동식에게 난수(亂數)방송과 북한과의 교신 과정에 관해 물었다. 그의 설명을 요약하면 이렇다.

**평양방송은 1960년대부터 대남(對南) 선전·선동 방송을 하면서 자정부터 30분간 남파간첩들에게 난수방송으로 지령을 내렸다. 난수방송은 한국식 표현이며, 북한에서는 '숫자방송'이라고 한다.**

난수방송은 평양방송에서 여성 아나운서가 한글 오프닝 멘트 이후 숫자를 불러준다. 전문(電文)은 '38794'처럼 5자리로 된 숫자들의 나열이다. 간첩들은 북한에서 침투할 때 휴대하고 나온 암호책(한국 소설, 사전, 성경 등)을 이용해 숫자로 된 전문을 변신(숫자를 한글로 바꾸는 약속된 작업)한다. 이것이 지령문이 된다.

현지 간첩들이 북한 본부에 보고할 때는 무전기를 통해 3자리 숫자 전문(암호전문)을 모스부호로 송신한다. 한글로 된 보고 내용을 숫자전문으로 변신할 때는 문장표와 3자리 난수표를 사용한다.

송신과 수신에서 서로 다른 암호체계를 사용하는 것이다. 김동식은 "변신 작업은 여러 절차를 거쳐야 해서 매우 복잡하다. 숙련과 훈련이 필요하다"고 말했다.

## 김선태 포섭 또 실패

20대 초반의 K는 1986년 북한 노동당과 유사한 성격의 마르크스-레닌주의당 결성을 주도한 서울대 독어교육과 출신의 김선태였다. 황인오의 주선으로 접근했다. 당시 권중현은 보라매공원과 신촌의 카페에서 두 차례에 걸쳐 김선태를 만나 '북한과 손을 잡고 투쟁하자'고 유인했으나 실패했다. 당시 김선태는 "재야의 거물 인사 C의 지시를 받고 있는데, 그가 지금 교도소에 수감되어 있어 결론을 받지 못해 어쩔 수 없다"며 거절했다. 공작조는 김선태에게 "앞으로 우리 같은 사람이 당신을 찾아올 것이니 그때는 협력해서 잘해 보라"고 말한 뒤 일단 물러났다. 대호 '비봉산'은 다른 사람을 찾아야 했다.

## 통혁당·인혁당 가족을 찾아라

또 다른 부차적 임무도 있었다. 과거 북한과 연계를 맺고 있던 지하당 조직 성원들의 가족을 찾아 도와주라는 지시였다. 권중현-김동식 공작조는 제주도 침투 후 서귀포시 KAL호텔 인근 한적한 묘지 주변에 5만 달러의 공작금을 숨겨둔 채 서울로 올라왔다. 필요에 따라 찾아 쓸 수 있는 돈이었다.

1968년에 발생한 통일혁명당(통혁당) 사건을 주도하다 검거된 뒤 사형당한 김종태의 부인을 만나 금전적 지원 방안을 모색해 보라고 했다.

김종태 부인의 구체적인 신상 정보가 없었던 터라 행방을 수소문했으나 성과가 없었다.

통혁당 사건은 1968년 8월 "김종태 등이 북한의 지령을 받고 통혁당을 결성해 정당으로 위장한 뒤 반정부·반국가적 활동을 했다"는 내용이다. 통혁당은 김종태가 월북해 북한의 지령·자금을 받고 결성된 지하당 혁명 조직이었다. 1969년 김종태의 사형이 집행되자 북한은 그에게 공화국영웅 칭호를 내렸다.

이 사건에 연루된 신영복 전 성공회대 교수가 무기징역을 선고받고 1988년 특별가석방으로 출소하기까지 20년간 수감됐다. 한명숙 전 총리 남편 박성준 전 성공회대 교수는 13년간 옥살이를 한 뒤 2022년 재심에서 무죄를 받았다.

인민혁명당(인혁당) 위원장이었던 도예종의 아들을 찾아보라는 당부도 있었다. 도예종의 아들이 강원도 원주에 살면서 부친의 뜻을 받들어 통일운동을 해보려 한다는 정보가 수집됐다고 했다. 도예종 아들의 행적을 탐문하고 가급적이면 몇백만 원이라도 건네주라는 하명이었다. 여러 방면으로 추적해 봤지만 허사였다.

도예종은 1964년 "북한의 사주를 받아 반정부 조직인 인혁당을 결성해 국가 사변을 기획했다"는 중앙정보부의 발표와 함께 검거돼 투옥됐다. 1974년에는 인혁당 재건위원회 사건으로 기소돼 사형당했다.

## 손병선 선생의 협조를 얻고 싶다

이선실과 공작조는 김부겸을 대신할 포섭 대상을 물색하는 작업도 병행했다. 가칭 '민중당' 창당준비위원회에서 대외협력위원장으로 활동하고 있던 손병선을 표적으로 올렸다. 평양 본부의 승인을 얻어야 했다.

**황인오가 우리와 협력하기로 했다. 공작교육을 실시하고 있다. 새로운 포섭 대상으로 민중당 창당준비위원회 대외협력위원장으로 활동하는 손병선**(1940년생, 부산대 출신, 4월혁명연구소 운영위원장)**을 선정했으니 승인해주기 바란다.**(공작조)

**손병선과의 공작을 추진하라. 이선실이 해외를 통해서 복귀할 의향이 있는지 알아보라.**(북한 본부)

## 金鍾泰 死刑집행

間諜統革黨

통일혁명당 사건에 연루돼 사형당한 김종태. 1969년 7월 10일 중앙일보 7면에 보도됐다.
ⓒ중앙포토

1974년 인혁당 사건으로 체포돼 이듬해 사형당한 도예종.
ⓒ민주화운동기념사업회

김동식이 기억해낸 'H 선생' 입당식의 주인공은 황인오였다. 그의 포섭은 5월 26일 남파 이후 첫 결실이었다. 이제 손병선을 상대로 두 번째 포섭 작전에 돌입하기로 했다.

여기서 하나의 궁금증이 돌출한다. 노태우 정권 시절이던 1990년대 초 남파간첩들이 서울 시내를 활보하며 저돌적으로 포섭에 나설 수 있었던 배경은 무엇일까. 1989년 11월 베를린 장벽 붕괴 이후 동유럽에서 철의 장막이 무너지고 공산주의가 몰락하던 대변혁의 시기에 북한은 왜 대남공작 사업에 그토록 자신만만했을까. 김동식은 기자에게 북한 대남공작부서에서 파악했던 한국 사회 분위기를 전했다.

**북한은 새세대 공작원(북한 출신 공작원)을 대거 남파시켜 아무런 연고도 없는 운동권 출신 등의 인사들을 직접 만나 공작원 신분을 밝히면서 포섭을 시도하는 대담한 공작전술을 구사했습니다. 당시 운동권 인사들은 북한의 사회주의체제는 물론 김일성과 주체사상에 대해 상당한 호감을 갖고 있었으며, 남북 통일을 위해서는 북한과 손을 잡아야 한다는 적극적인 생각을 갖고 있었다고 봤습니다.**

손병선 포섭에는 이선실이 앞장섰다.

**실은 나는 북한에서 파견된 노동당 정치위원이다. 손 선생의 협조를 얻고 싶다. 북한과 협력해 투쟁하자.**

# 브래지어 싸들고
# 잠수정 탄 할머니 간첩

## 손병선과 황인오를 포섭한 이선실

남파간첩 김동식은 1990년 8월 초 평양 공작지도부에 무전기로 긴급 타전했다.

**새 포섭 대상으로 민중당 창당준비위원회 대외협력위원장으로 활동하는 손병선을 선정했으니 승인해 주기 바란다.**

손병선은 김부겸(전 국무총리)의 대타였다. 김부겸 포섭 실패를 만회하기 위한 돌려막기 표적이었다. 손병선은 부산대 정치학과 재학 중이던 1960년 4·19 혁명 때 부산권 학생시위를 주도했던 운동권 출신이었다. 당시 50세로 민중당 창당준비위원회에 몸담고 있었다.

손병선은 민중당 창당을 지원하던 이선실과 친분을 쌓았다. 북한 권력 서열 22위의 거물 여간첩이란 정체를 모른 채 통일 문제에 관심 있는 독지가로 알았다. 이선실은 민중당 창당 헌금 2000만 원과 500만 원 상당의 대형 복사기를 기부했다. 다음은 김동식이 취재팀에 전한 간략한 포섭 과정이다.

8월 중순 어느 날, 이선실이 민중당 사무실이 있던 서울 서교동의 한 커피숍으로 손병선을 불러냈다. 안면이 있던 터라 이선실은 단도직입적으로 밀어붙였다.

**실은 나는 북한에서 파견된 노동당 정치위원이다. 북의 국가 정책을 도와주는 문제에 대해 의논하고 손 선생의 협조를 얻고 싶다. 북한과 협력해 투쟁하자.**

손병선은 너무도 뜻밖의 제안에 당황한 기색을 보였다.

**1주일간 생각할 말미를 달라.**

1주일이 지나 이선실은 손병선을 다시 만났다. 단호한 어조로 설득했다.

도와주세요! 조국 통일을 위해 같이 일해 봅시다. (이선실)

알겠다. 열심히 노력해 보겠다. (손병선)


며칠 후 김동식은 이선실과 함께 민중당 사무실 근처 지하 레스토랑에서 손병선과 처음 대면했다. 이선실은 손병선에게 "이분(김동식)은 평양에서 손 선생님을 도와주기 위해 파견된 노동당 연락대표"라고 소개했다. 이미 얘기를 들은 탓인지 손병선은 어색해하지 않았다. 김동식은 "나이도 어리고 부족한 것도 많으니 많은 지도편달을 부탁드린다"고 인사했다. 포섭 공작은 성공했다.

## 손병선, 암호명 '비봉산 11호' 부여

1차로 포섭된 '80년 사북항쟁'의 노동운동가 황인오와 마찬가지로, 손병선도 북한 노동당 입당식을 치렀다. 이선실과 김동식이 입회했다. "당과 수령을 위해, 조국 통일을 위해 목숨 바쳐 투쟁할 것"을 맹세하고 '비봉산 11호'라는 공작대호를 받았다.

## 이선실·황인오 대동하고 탈출하라

김동식은 손병선에게 사상·공작·통신 교육을 했다. 사상교육은 김일성의 위대성과 주체사상, 대남혁명 필요성에 관한 내용이었다. 다소 황당하지만 이런 얘기가 오갔다.

**김일성 수령님이 나라를 광복하고 인민이 살기 좋은 지상낙원의 사회주의 체제를 세웠다. 무료교육, 무상치료, 세금 없는 나라 등이 사회주의의 강점이다. 손 선생도 아이가 태어나면 북한에 보내라. 우리가 무상으로 키워주겠다.**

공작교육은 포섭 대상 선정 기준과 방식, 지하당 조직(간첩망), 간첩망 운영에 관한 것이다. 통신교육은 무전기 작동 요령, 무전 보고, 지령 수신과 변신(암호 풀기), 접선, 무인포스트 등을 활용한 북한과의 교신 방법이 주요 내용이었다.

손병선은 2020년 5월 인터넷 매체인 통일뉴스에 '사월혁명회 공동의장' 명의로 글을 싣고 이선실과의 만남에 관해 서술했다.

**孫 炳 善**

1992년 10월 안기부가 발표한 남한조선노동당 중부지역당 사건 당시의 손병선. ⓒ중앙포토

1990년 김낙중, 이우재 등과 후배들이 민중당을 만드는 데 같이 참여하자고 하여 민중당에 들어가서 조국통일위원장을 맡아 활동하였다. 그리고 당내 원로들을 맡아 달라는 부탁에 원로들과 주 1회씩 모임을 하게 되었다. 거기서 회비도 많이 내고 모임에도 적극적으로 참여하는 이선화(이선실의 가명)와 친해졌다. 그녀는 자신은 제주 출신이고 일본에 가서 살다가 한국으로 왔다고 하였다. 그리고 그 이상은 나에게 밝히지 않았는데 그녀가 북에서 왔다는 이야기는 누구의 입에서 나온 것인지 알 수가 없다.

김동식 공작조가 황인오와 손병선 포섭을 마친 9월 말, 서울 탈출 명령이 떨어졌다.

**10월 중순 강화도 건평리 해안으로 복귀한다. 이선실·황인오를 대동 복귀하라.**

황인오에게 평양에 방문할 뜻이 있는지 타진했다.

**북한에 가볼 의향이 있는가?**(공작조)
**허락한다면 한번 직접 가보고 싶다.**(황인오)
**어느 정도 북한에 머물 수 있는가?**(공작조)
**일주일 정도면 괜찮다.**(황인오)

## 누군가 찾아간 5만 달러의 행방

탈출에 앞서 김동식 공작조는 뒤처리에 들어갔다. 돈과 무기를 처리해야 했다. 5월 26일 침투 당시 제주 서귀포 KAL호텔 근처에 있는 묘지 주변의 소나무 밑에다 단파무전기 2대와 권총 2정과 실탄, 수류탄 4발, 야간투시경 1개 등을 매몰했다. 바로 인근에는 방수 포장된 5만 달러의 공작금도 숨겨 놓았다.

황인오에게 약도를 주고 무기를 파오라고 했다. 그는 현장까지 갔는데 겁이 났던지 수거해오지 않았다. 이 무기들은 2년 후 황인오가 연루된 간첩단 사건이 터지고, 그의 진술에 따라 모두 회수됐다.

5만 달러는 1990년 말 환율 710원으로 환산하면 3550만 원이다. 당시 대기업 대졸 초봉이 50만 원대였고, 강남 34평 아파트 시세가 1억 원대 초중반에 불과했던 점을 감안하면 엄청난 거액이다. 이 돈의 행방에 대해 김동식은 전했다.

**당시 서울에 있을 때 '선생들(김동식 공작조)이 묻어 놓은 5만 달러는 찾아갔다'는 지령을 북한 공작본부로부터 수신했습니다. 또 다른 남파간첩이 캐내 사용했을 가능성이 크지요. 하지만 그게 누구인지 정체와 어디에 썼는지 사용처는 지금껏 미스터리입니다.**

청주 상당산성의 무인포스트에 매몰돼 있던 벨기에제 브라우닝 권총과 실탄은 현지에서 파내 손병선에게 건네주었다. 손병선에게는 북한에 보내는 충성편지를 편지지에 자필로 작성하도록 해서 넘겨받은 뒤 "조국이 통일되면 다시 오겠다"고 작별인사를 했다.

## 속옷 한 보따리 챙겨간 이선실

이선실은 자신이 입을 고급 속옷 한 보따리를 챙겼다. 당시 북한에는 변변한 여성 속옷이 없었다. 특히 브래지어는 대부분 여성들이 집에서 손수 작업해 착용했다. 이선실의 해명이었다.

**내가 살 날도 얼마 안 남았는데, 이런 속옷을 언제 또 사 입어 보겠는가. 이해해 달라.**

이선실과 황인오를 대동 복귀하라는 지령이 떨어진 상태에서 인원이 늘어난 만큼 발각될 위험 부담이 커졌다. 당시 74세 노인 이선실이 행군을 하고 반잠수정을 타고 행동하는 것은 체력적으로 무리였다. 물론 브래지어 등이 담긴 이선실의 배낭은 김동식이 메기로 했지만 말이다. 이선실은 완강했다.

**나를 할머니 취급하면 섭섭하다. 젊은 시절 수십 번 목숨을 걸고 휴전선을 넘나들었다. 가다가 죽어도 좋으니 선생들(공작조)과 함께 서**

혜를 통해 돌아가겠다.

그의 고집을 꺾을 수 없었다. 고생스럽지만 공작원들과 함께 당당히 복귀함으로써 남조선 혁명가로서의 강한 이미지와 공작 업적을 부각할 수 있겠다는 계산이 깔린 듯했다. 전혀 훈련이 안 된 황인오를 동반하는 문제도 안전상 꺼림칙했다. 이는 대남공작을 책임지는 당중앙위 사회문화부장(장관급)이던 이창선이 김정일에게 대남공작 성과를 과시하기 위한 의도였다고 김동식은 봤다.

**평양에 앉아 있는 공작본부 친구들은 낯내기를 좋아하는 과시욕이 강합니다. 김정일한테 '남쪽에서 황인오를 포섭해 데려왔다'고 자랑하려고 공작조의 위험 따위는 개의치 않았던 겁니다.**

## 144일간의 대남공작 대장정

**10월 17일 밤 11시 30분 강화군 양도면 건평리 해안에 있는 쌍묘에서 복귀 접선을 실시한다.**

5월 26일 남포항을 떠난 지 144일 만이었다. 남파공작이라는 대장정의 성패는 다가올 몇 시간에 달렸다.

복귀 당일 아침 김동식은 평양방송 주파수에 맞추고 약속된 접선 신호 노래가 나오는지를 확인했다. 북한 가곡 '내 고향'이 나오면 접선을 취소하고, 그렇지 않으면 예정대로 간다는 뜻이다. '내 고향'은 들리지 않았다. 강화도로 향했다. 강화읍까지 이선실과 공작조 일행 세 명은 신촌 시외버스터미널에서 출발하는 강화행 버스를 타고 갔다. 황인오는 사람들의 눈을 피해 단독으로 강화읍으로 와서 합류했다.

늦은 오후, 네 명은 접선 장소인 건평리 쌍묘의 주변 숲에 도착해 숨어 대기했다. 밤 11시 30분이 되자 2인조 복귀 안내원과 접선에 성공했다. 방수복으로 갈아입고 500m가량 갯벌을 통과하고 헤엄친 끝에 바다에 대기하던 반(半)잠수정에 올라탔다. 6명이 탑승한 반잠수정은 선체의 절반이 물속에 잠긴 채 어둠을 뚫고 북으로 질주했다.

김동식 침투·복귀 루트 ©차준홍

황인오의 1992년 구속 당시의
모습.ⓒ중앙포토

이튿날 동틀 무렵 해주에 도착했다. 대장정의 마침표에 안도했다. 군
용헬기를 타고 도착한 평양 순안비행장에는 대남공작을 지휘하는 사
회문화부 이창선 부장 등 간부 수십 명이 나와 성공을 축하해 줬다.

숙소는 평양 삼석구역에 있는 원흥초대소를 특별히 배려했다. 대동
강변에 위치한 2층 양옥으로 김일성이 수차례 다녀간 별장이었다. 재독
음악가 윤이상과 북한에 납치됐던 신상옥·최은희가 이곳에 묵은 적이
있었다.

## 김정일의 '서울 방문설' 전파하라

황인오는 체류 1주일간 김동식과 함께 바쁜 일정을 열정적으로 소화
했다. 주체사상연구소의 박승덕 박사에게서 학습하고, 김일성·김정일
찬양 영화를 관람하고, 혁명열사릉을 참배하고, 교예(서커스) 공연을 관

김정일이 신상옥 감독과 배우 최은희를 1978년 납치한 뒤 함께 찍은 사진.ⓒ중앙포토

람하고, 권총 사격을 체험했다.

노동당에 정식 입당한 황인오는 '주체사상을 유일한 지도이념으로 한다'는 내용의 노동당 규약과 김일성에 충성을 다짐하는 맹세문을 자필로 써서 낭독한 뒤 제출했다. 김동식은 취재팀에 "남한 또는 해외에서 포섭된 후 북한을 방문하는 현지 고정간첩은 모두 거치는 의례"라며 그 내용을 전했다.

**남한에 내려가면 주체사상을 지도이념으로 하고 조선노동당의 지도를 받는 지하당 조직을 구축하고, 당원들을 묶어세우며, 남조선 혁명과 조국 통일을 위해 한목숨 바쳐 싸우겠다.**

북한은 황인오에게 권총과 실탄, 일화 500만 엔, 신형 무전기와 난수표, 자살용 독약 캡슐 등을 전달하고 '지하당을 건설하라'는 임무를 하달했다. 황인오는 북한으로 들어올 때와 똑같은 루트를 따라 반잠수정을 타고 강화도 건평리 해안을 거쳐 단독으로 남한으로 잠입했다.

김동식은 황인오와 함께 원흥초대소에서 지내며 충격적인 사실을 알게 됐다. 사회문화부장 이창선이 황인오에게 있지도 않은 '김정일의 서울 방문설'을 선전하라는 공작임무를 내렸다는 것이다. 이창선이 "결행하라"며 당부한 내용은 이랬다.

**황 선생이 남조선에 나가면 친애하는 김정일 지도자 동지께서 배를 타고 인천항을 통해 서울을 다녀갔다는 소문을 퍼뜨리시오. 그러면 김정일 동지를 따르는 남조선 혁명가들과 인민들에게 신심과 용기를 줄 수 있으며, 김정일 동지의 신출귀몰하신 모습에 더욱 감명받을 것이오.**

## 28살에 공화국영웅이 되다

김동식-권중현 공작조에게 '조선민주주의인민공화국영웅'(공화국영웅) 칭호가 수여됐다. 이선실과 황인오를 대동 복귀한 데다 황인오와 손병선 두 개의 간첩망을 구축한 공로를 인정한 것이다. 김일성은 "지난 40~50년보다 더 큰일 했다"고 치하했다.

공화국영웅은 '국가 앞에서 개인적 또는 집단적으로 영웅적 위훈을 세운 자에 대하여 수여하는 북한 최고의 영예'다. 금별메달, 국기훈장,

영웅증서가 자동으로 따른다. 공화국영웅이 어떤 위상인지 김동식에게
물었다.

**영웅 칭호는 하늘의 별 따기보다 더 힘들다고 합니다. 조선로동당 중
앙위원회 사상비서를 지낸 황장엽도 받지 못했습니다. 북한군 장성
들이 군복에 줄줄이 국기훈장 100개 달더라도 영웅 칭호 하나만 못
합니다.**

김동식에 따르면, 공화국영웅 칭호는 신분의 수직상승과 동의어다.
공작원의 경우 차관급 대우를 해준다. 월급('가족생활비'라고 함)이 300원
으로 대폭 인상된다. 의사·교수 등 사무직 월급이 120원, 차관급이 250
원 정도였다. 영웅가급금(영웅수당) 명목으로 100원을 별도로 준다.

최고급 담배와 700mL짜리 맥주가 매일 1병씩 나오고, 매월 담배 30
갑과 식용유·돼지고기·설탕 등 식품을 특별공급 받는다. 본인과 가족
이 차관급 이상 간부만 가는 남산병원에서 진료를 받고, 자녀는 원하는
대학에 입학하는 특혜를 베풀며, 공작원 전역 후 사회에 나가면 승진이
보장된다. 공산당 서열 22위의 이선실이 74세가 되어서야 받은 그런 공
화국영웅 칭호를 김동식은 28세에 거머쥐었다.

## 김일성, 이선실에게 공화국영웅 직접 수여

김동식은 1990년 12월 31일 저녁 만경대 학생소년궁전에서 김일성이 참석한 가운데 열린 평양시 학생소년들의 설맞이 공연에 초대됐다. 그곳에서 이선실과 재회했다.

이선실은 김동식에게 얼마 전 묘향산에 있는 김일성 별장에서 김일성을 접견했다고 자랑했다. 김일성은 이선실에게 공화국영웅 칭호를 직접 수여하고 자신의 이름이 새겨진 시계를 손목에 손수 채워주었다며 감격해했다.

몇 년 뒤 이선실이 간암에 걸렸다는 소식을 듣고 간암에 좋다는 왕지네(오공) 100마리를 보내주었건만 효험이 없었던지, 2000년 8월 사망했다. 현재 평양시 애국열사릉에 묻혔다.

김동식이 알기로는, 이선실이 1996~2000년의 사상 검증 숙청 광풍이었던 '심화조 사건'에 연루돼 미제 간첩으로 몰려 고문 끝에 사망했다는 소문은 사실이 아니다. 간암에 노환이 겹쳐 세상을 뜬 것뿐이다.

남파간첩 이선실 묘비. ⓒ중앙포토

이선실의 존재는 북으로 영구 탈출하고 2년이 지난 1992년 가을 '남한조선노동당 중부지역당 사건'이 터진 뒤에야 국내 정보기관에 처음 포착됐다. 그리고 논란 끝에 14년이 지난 2006년 8월 노무현 정권의 국정원 과거사위는 이선실의 정체를 인정했다. "손병선과 황인오를 포섭한 남파간첩 이선실은 월북한 제주 출신의 이화선이며 민가협과 민중당을 출입했던 동일 인물이다." 오늘날까지 이어진 '할머니 간첩 신화'는 한국의 허술한 정보력과 소모적 논쟁 덕에 그렇게 제조됐다.

## 노동신문에 난 '남한조선노동당' 사건

다시 김동식의 이야기로 돌아가자. 김동식은 1992년 가을 평양에서 노동신문을 읽다가 자신과 이선실의 실체가 폭로된 사건을 우연히 접했다.

조국평화통일위원회(조평통)의 성명 기사였다. '남한 안기부가 황인오와 손병선이 주동했다며 발표한 남한조선노동당 중부지역당 사건은 조작됐다'고 주장하는 내용이었다. 연형묵 정무원 총리는 "남측이 꾸며낸 모략극이니 사과하라"는 서한까지 남으로 보냈다.

황인오와 손병선은 김동식 공작조와 이선실이 포섭해 남한에 심은 인물이다. 그런데 '남한이 조작했다'고 거짓 반박을 하니 어리둥절했다. 공화국영웅 칭호까지 주며 치켜세우던 업적을 스스로 부정하는 자기모순이었다. 이율배반적 현실에 혼란스러웠다.

1992년 10월 6일자 중앙일보 1면에 보도된 남한조선노동당 사건. ⓒ중앙포토

노동신문에 보도된 '남한조선노동당 사건'은 90년대 대표적 간첩사건이다. 안기부는 1992년 10월 6일 북한의 지령에 따라 남한에 지하당을 구축한 간첩단을 검거했다고 발표했다. 조선노동당 중부지역당 총책 황인오, 민중당 내 지하지도부를 구축해 간첩 활동을 한 손병선, 민중당 전 공동대표 김낙중 등 62명이 구속됐다.

이 사건은 남로당 사건 이후 최대 규모의 간첩단인 데다, 거물 간첩 이선실이 공작을 주도했다는 점에서 큰 충격을 던졌다. 그해 대선후보였던 김대중 대표의 민주당 부대변인 김부겸이 이선실과 접촉해 500여만 원을 받은 혐의로 구속돼 정치권에도 파장이 컸다.

그러나 사건의 실체에 대한 논란이 일었다. 민자당 김영삼(YS)-민주

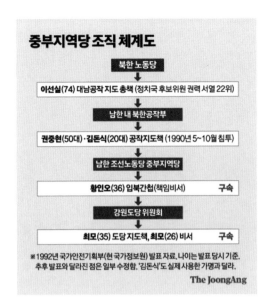

중부지역당 조직 체계도
ⓒ신재민

당 김대중(DJ)-통일국민당 정주영이 각축을 벌이던 14대 대선(12월 18일)을 2개월여 앞두고 수사 결과가 공개됨으로써 노태우 정권의 조작이라는 의혹이 제기됐다. 노무현 정부의 국정원 과거사위는 2006년 "조선노동당 중부지역당의 존재가 실재했고, 조작 혐의는 확인되지 않았다"고 매듭지었다. 무기징역 등을 선고받은 황인오와 손병선은 김대중 정부가 들어선 1998년 8·15 특사로 풀려났다.

## 공작원 신분 노출은 '사망선고'

사건의 진상에 접근하면서 김동식의 등줄기에 얼음을 쏟아부은 듯한 전율이 흘렀다. 다급한 상황을 재구성했다.

목숨을 걸고 만든 간첩망이 들통이 났다. 안기부 수사의 간첩단 조직도에 김동식은 '공작지도책 김돈식(당시 사용 가명)'으로 공개됐다. 남파 포섭 과정에서 접선했던 인물들의 자백이 있었다. 김동식의 생김새·체격·말투 등 개인신상도 노출됐을 것이다. 공작원 세계에서 신분 노출은 사망선고다.

김동식이 노출된 이상 공작원에서 퇴출하자는 말들이 흘러나왔다. 공화국영웅이 되고 꽃길을 걷는 줄 알았는데 공작원 생명이 끊길지 모를 칼날 위에 섰다.

독배(毒杯)를 든 절박한 심정이었다. 동물적 본능이 발동했다. 생존을 위해 승부수를 던지기로 했다. 목숨을 건 2차 남파 침투를 통해 충성심을 증명해야 한다.

# 북한의 '혁명 전사'로 길러지다

## 세뇌된 김동식과 폭파범 김현희

김동식은 엘리트 공작원이 되기까지 지루하고 험난한 시간들을 극복했다. 스파이는 그에게 숙명처럼 다가왔다.

1981년 3월 18일 땅거미가 내려앉은 평양 대동강역.

김동식은 노동당의 부름을 받았다. 해주에서 열차에 몸을 실은 뒤 7시간 만에 평양에 도착했다. 고향 황해남도 용연에서 남창고등중학교를 갓 졸업한 18세 청춘이었다. 역에 마중 나온 중앙당 지도원은 그를 승용차에 태워 시내 인민문화궁전 맞은편의 10층짜리 '초대소'로 안내했다.

노동당 대외연락부(대남공작 부서) 간부가 맞아주며 저녁을 함께 했다. 식사를 마치자 김동식을 응접실로 불렀다.

이제부터 동무는 친애하는 지도자 김정일 동지의 높은 신임과 배려에 의해 남조선 혁명가 대열에 들어서게 되었소. 대남공작원을 양성하는 김정일정치군사대학에서 앞으로 4년 동안 공부를 하게 될 것이오.

김동식에겐 날벼락 같은 통보였다. 공작원 대학? 노동당의 명령에 따라 용연군-해주시-황해도-평양을 오가며 수천 명의 다른 지역 또래 학생과 경쟁했던 지난 1년의 시간들이 주마등처럼 스쳤다. 숱한 면접심사와 신체검사 끝에 그는 전국에서 선발된 6명 중 한 명에 들었다. 김일성·김정일 측근 경호원으로 발탁되는 출세를 내심 기대했다. 청춘의 꿈이 물거품처럼 부서지고 있었다.

## 대남공작원 양성하는 김정일정치군사대학

김정일정치군사대학은 듣도 보도 못한 금시초문의 대학이었다. 시험도 안 보고 대학에 입학한다는 사실에 어리둥절했다. 그렇다고 거부할수도 없었다. 수차례 면접 때 '당에 충성'을 다짐했던 그였다.

동무는 앞으로 무엇을 하고 싶소?(당 간부 면접관)
공군 조종사가 되거나 대학에 가서 공부하고 싶습니다.(김동식)
지금 동무는 당에서 쓰려고 이렇게 면접하고 있는데, 그렇게 대답하

**면 정답이 아니지….(당 간부 면접관)**

**그럼, 당에서 하라는 대로 따르겠습니다.(김동식)**

**그렇지, 그게 정답이지!(당 간부 면접관)**

그랬으니, "동무는 남조선 혁명을 해야 되겠소"라는 당의 결정에 반박할 수 없었다. 대답할 틈을 주지 않고 대외연락부 간부의 지시가 이어졌다.

**앞으로 대학에서 공부할 때는 본명 대신 '박승국'이라는 가명을 쓰시오.**

이름 속에 담긴 자기 정체성을 지우라는 뜻이었다. 자연인으로 살았던 18년의 존재는 사라졌다. 그게 끝이었다. 그날 밤, 김동식은 김정일정치군사대학에 인계됐다. 대남공작원 혹은 남조선 혁명가로서, 남한 말로는 남파간첩으로서, 그의 운명은 그렇게 정해졌다.

김정일정치군사대학

김동식은 기자에게 그날의 당혹스러움을 회고했다.

**김정일정치군사대학이라는 이름조차 들어본 적이 없었습니다. 그러니 공작원이 되리라고 상상조차 해본 적도 없지요. 당시 대남공작원을 양성하는 김정일정치군사대학 존재 자체가 일반인들은 알지 말아야 할 철저한 보안사항이었습니다.**

## 죽기 위해 살아야 하는 운명

대학 내무반에 배정된 첫날 밤, 그의 머리와 가슴에는 두 가지 감정이 뒤엉켰다.

우선, 영광이었다. 김정일정치군사대학은 북한 최고의 대학이라고 했다. 김일성종합대학처럼 시험 봐서 입학할 수 있는 곳이 아니고, 노동당에서 학생을 직접 선발하는 유일한 대학이었다.

그가 경험했듯이 발탁 과정은 엄격했다. 신입생은 노동당 조직부 간부과(인사과)가 전국의 고등중학생을 대상으로 검증했다. 출신 성분·체력·용모·지적 수준을 1년여 동안 세세히 따져 하자가 없는 거의 완벽한 학생만을 걸러냈다. 대남공작원의 경우, 해마다 1개 도에서 한 명도 안 되는 인원을 뽑는 게 고작이다. 그해 황해도 전역에서 뽑힌 단 한 명이 김동식이었다.

김일성종합대학을 최고의 명문으로 치는 세간의 평가가 있지만, 어폐가 있다. 노동당이 전국의 수재들을 1차적으로 입도선매하고, 6개월 뒤 김일성종합대학 등 일반 대학들이 시험과 면접을 통해 학생을 뽑기 때문이다. 그런 바늘구멍을 스스로 뚫었다는 자부심이 그에겐 위안이었다.

두 번째는 두려움이었다. "이제는 영락없이 죽었구나" 하는 공포심이 그를 엄습했다. 북한 주민들 사이에 '대남'(대남공작원)은 곧 죽음을 의미했다. "대남 나갔다가 저승 사람이 됐다"는 흉흉한 소문을 심심치 않게 들었던 터였다. '언젠가는 죽어야 하는' 숙명을 10대의 김동식이 받아들이기엔 벅찼다.

죽음은 경험되지 않기 때문에 더 두렵다. 그냥 좌절하기에는 김동식은 너무도 청춘이었다. 죽기 위해 살아야 하는 부조리한 현실 속에 살기로 그는 좌표를 설정했다.

## KAL 폭파범 김현희는 대학 동문

신입생 김동식은 '전투원반'(일종의 단과대학) 아래 특공대반, 항해반, 기관반, 통신반 4개 학과 중 특공대반에 배치됐다. 당시 전투원반 전체는 700명 정도였고, 김동식의 기수(학년) 200명 중 특공대반은 90명이었다. 혹독한 교육과 훈련의 연속이었다. 매일 아침 6시에 일어나 밤 11시까지 강의와 무술, 구보와 군사훈련을 반복했다.

학제는 대남공작에 최적화됐다. 대학은 전투원반과 공작원반 두 개의 단과대학으로 구성됐다. 전투원반은 매년 신입생을 선발해 4년제로

김정일정치군사대학 학제와 주요 인물

운영했다. 공작원들의 침투 또는 복귀를 지원하거나 군사정찰·테러 임무를 수행하는 요원을 양성했다. 훗날 들은 얘기지만, 1983년 부산 다대포 무장간첩 침투 사건 때 생포됐다 전향한 간첩 2명이 전투원반 출신이었다.

공작원반에서는 주로 사회 경력자들을 선발해 2~3인을 1개 공작조로 편성한 뒤 6개월 또는 1~3년 동안 밀봉(密封) 교육을 한 뒤 배출했다. 1987년 KAL 858편 폭파범 김현희의 경우, 평양외대 재학 중 공작원에 발탁돼 김정일정치군사대학 공작원반을 거쳐 현장에 투입됐다고

1987년 11월 115명이 탄 대한항공 858기 폭파범 김현희가 1989년 3월 첫 재판을 받으러 법원으로 들어가는 모습. 김현희는 김동식이 나온 김정일정치군사대학 공작반원 출신이다. ⓒ중앙포토

한다. 김현희와 우연히도 대학 동문인 셈이다.

　김동식은 특수한 케이스다. 노동당 대외연락부 소속 공작원으로 발탁됐지만, 전투원반에서 위탁교육을 받고 공작원으로 복귀한 뒤 남파 공작원으로 활동했다. 김동식의 전투원반 입학 동기는 200명 정도인데, 194명이 전투원이고 김동식을 포함해 6명만 대남공작원이었다.

　공작원반의 밀봉 교육은 누가, 언제, 무슨 교육을 받는지 아무도 알 수 없는 기밀 사항이었다. 김동식이 경험한 전투원반 교육·훈련 과정은 빈틈없이 철저했다.

## 중앙일보 남조선 신문 읽는 전사

교육 목표는 확고했다. '북한식 문무(文武)를 겸비한 혁명 전사(戰士)'가 그것이었다. 주체사상과 강철 체력을 갖춘 공작원·전투원을 길러내 남조선 혁명을 관철하겠다는 강력한 의지를 학생들에게 주입했다. 김동식의 설명이다.

**오늘날에도 북한 주민 대부분이 '대남'(대남공작원 약칭)이 있다는 사실은 알지만 그들이 어떻게 선발되어 교육과 훈련을 진행하는지 모릅니다.**

베일에 가려 있던 비밀을 이제는 공개한다. 이론 교육과 훈련 실습으로 구성된 커리큘럼은 최정예 간첩을 길러내는 데 주안점을 뒀다. '남조선 혁명가 만들기'에는 4개의 원칙이 관통하고 있었다.

첫째, 지피지기(知彼知己)의 원칙이다. 적을 알아야 이긴다.

이론 과목은 국사·지리·한문·영어 등 교양, 역사·철학 등 인문, 경제학, 군사학, 수학·물리·화학 등 문과와 이과를 망라한다. 외견상 인문적 소양을 가르치는 듯하지만, 대남공작에 방점을 찍었다. 한문, 남조선 신문, 남조선 정세 과목이 그랬다. 그 이유에 대한 김동식의 증언이다.

**일주일 또는 한 달에 한 번씩 배포하는 '남조선 신문'이라는 게 있습**

니다. 남조선 일간 신문들 중 읽어볼 필요가 있다고 판단하는 내용을 짜깁기 편집한 4-8개 면짜리 신문입니다. 남한 사회와 정치 기사를 넣어 신문처럼 만들었어요. 중앙일보·조선일보 기사라는 출처도 밝힙니다. 남파에 앞서 '남조선 실상이 이렇다'고 예행연습을 시키는 거죠. 당시만 해도 신문에 한자가 많아 한문을 가르쳤지요. 옥편을 뒤지며 공부했습니다.

'남조선 정세'는 국회가 어떻게 조직되고 운영되는지 등 남한의 정치·사회 체제를 이해하는 강의였다. '지리'는 남한 지리를 말하며, 백지에 남한 지도를 그리고 고속도로·철도·광산·발전소를 표시하는 게 시험 문제였다.

## 남한 군가 '진짜 사나이' 부르는 국군훈련

김동식은 4학년 때 1개월간 '국군훈련'에 참여했다. 남한 국군의 군복을 입고, 일조점호·제식훈련·집총훈련·총검술·일석점호 등 저녁 취침할 때까지 국군의 일과표를 그대로 따라 했다.

한국 군대의 얼차려 중 하나였던 '원산폭격'도 해보고, '진짜 사나이' '육군 김일병' 등 군가도 배워 합창했다. 공작원이나 전투원이 국군 복장의 군인으로 위장해 대남 침투를 하는 상황을 상정한 연습이었다.

수학·물리와 전기·화학·핵 공학 수업은 학문적 차원이 아니었다.

원자력·전기 발전소 등 남한 기간시설물을 폭파하거나 마비시키기 위해 필요한 전략적 지식을 가르쳤다. 수업 시간에 "발전소를 완전히 멈추려면 어디를 때려야 합니까?"라는 질문이 나오기도 했다.

## '혁명적 자폭정신으로 충성하라'

둘째, 사상적 무장의 원칙이다. 김일성·김정일 혁명역사와 노작(勞作), 주체철학, 김일성군사사상이론을 4년 내내 배우며 김씨 부자를 위해 목숨을 던질 각오를 갖도록 세뇌했다. 김동식은 충격적인 사실을 전했다. '자살 특공대'를 연상시키는 강의 내용이었다.

**'혁명적 자폭정신'이라는 용어가 있었지요. 주체철학과 김일성주의 강의에서 '남조선 혁명을 위한 성스러운 임무를 수행하다 적들에게 체포될 최악의 상황에 처하면 혁명적 자폭으로 생을 마감함으로써 충성해야 한다. 이것이 혁명적 수령관·인생관의 정수이고 혁명적 자폭정신이다'라고 강조했습니다.**

셋째, 스파르타식 훈련의 원칙이다. 행군은 일반적으로 장비를 메고 걷는 것이다. 그러나 김정일정치군사대학에서는 행군을 구보로 한다. 평일 매일 저녁에 20kg 모래 배낭을 메고 10km씩 '뛰는 행군'은 필수다. 매주 토요일에는 20km를 뛰고, 매월 마지막 주 토요일에는 40km

마라톤 거리를 20kg 모래 배낭 메고 4시간 안에 주파해야 했다.

격술(擊術)은 태권도·유도·합기도·호신술을 혼합한 종합 무술이었다. 이종격투기와 비슷했다. 하루에 네다섯 시간씩 4년간 내내 훈련했다. 1학년 땐 앞차기·돌려차기 등 기초, 2학년 땐 약속 대련, 3학년 땐 자유 대련, 4학년 땐 무작위로 그냥 붙여 싸우게 하는 방식으로 강도를 높였다.

**30kg 장비를 지고 한겨울에 대동강을 도하하고, 산악으로만 하루에**
**평균 150리(60km)씩 1500리 강행군도 견뎌야 했습니다.**

김정일정치군사대학의 교육 커리큘럼

## 젓가락·식칼·도끼 던지기 훈련

넷째, 인간 병기의 원칙이다. 750cc 4기통 엔진의 혼다 오토바이와 닛산 지프를 몰고, 선박을 운전하고, 달리는 트럭 적재함에 올라타고, 고층 건물에 기어오르는 훈련은 첩보영화의 아슬아슬한 장면을 뺨칠 정도였다.

투도(投刀, 칼 던지기)는 10m 거리에 있는 직경 40㎝ 목표물에 단도를 꽂히도록 하는 훈련이었다. 단도뿐 아니라 젓가락·식칼·도끼도 투도의 도구로 활용됐다. 임무 수행 중 식당 같은 곳에서 위험한 순간에 직면했을 때 숟가락·젓가락·포크 등 손에 잡히는 모든 걸 던져 위기를 탈출하는 연습이었다.

학생 대부분은 명사수로 길러졌다. 소련제 TT 권총, AK 자동소총, 소련제 대전차 로켓 RPG-7, 체코제 기관권총을 가지고 각종 자세를 취하며 실탄사격을 수시로 했다. 철탑 꼭대기에 올라 이동하는 목표물을 조준사격하는 저격 훈련도 있었다. 김동식의 경험담이다.

**졸업반 때는 매일 실탄 200발 정도를 쏘았는데, 한 번에 50발씩 소총과 권총 2정을 동시에 들고 2km 구간을 뛰면서 여러 종류의 목표물에 서로 다른 자세를 취한 상태로 사격연습을 했습니다. AK소총은 100m에서, 권총은 30m에서 각각 10발씩 쏘아 100점 만점을 기준으로 판정했습니다. 나는 AK소총 사격과 권총 사격에서 각각 95점과**

97점을 명중시켜 최고 점수를 받았지요.

## '007 제임스 본드'보다 '제이슨 본'

김정일정치군사대학은 김동식에게 군대의 특수부대에서 지옥훈련으로 담금질한 근육질을 원하지 않았다. 극한 훈련을 견뎌내는 체력은 기본이었다. 이에 더해 사상과 지식의 두뇌를 갖추고 폭파 등 테러 기술과 오토바이 몰기 등 특공전술을 자유자재로 구사하며 기꺼이 목숨을 던질 인간 병기를 '제조'하려 했다.

최첨단 무기를 쓰며 멋진 슈트 차림으로 최고급 호텔과 레스토랑을 드나드는 '007 제임스 본드'보다는, 잠바와 면바지를 걸친 채 오토바이를 타고 종횡무진하며 격투 실력을 자랑하는 '제이슨 본'(영화 '본' 시리즈의 주인공) 유형을 추구했다.

그러나 실상은 비정했다. 4년 동안 방학은 물론 휴가·면회·외출·외박이 일절 허용되지 않은 채 외부와 단절된 감옥과 같은 공간이었다. 대남공작을 위해 차갑게 소비될 '기계 인간'을 만드는 독재 권력의 의지만이 그 세계를 지배했다. 김동식의 지적은 뼈가 있었다.

**남한에서는 북한의 해킹이나 핵 개발 능력에 대해 못사는 나라라고 내리깎는 분위기가 있습니다. 하지만 북한 독재체제에서는 지도자가 원하면, 필요한 천재를 다 불러 모아 원하는 사업에 무서울 정도**

집중적으로 투입할 수 있음을 보여주는 생생한 사례가 김정일정치
군사대학입니다.

## 남한 사람 만드는 적구화 교육

김동식은 죽음의 공포를 서서히 극복했다. 남한에 침투했다가 무사
히 귀환한 교수·교관들로부터 들은 경험담이 힘이 됐다. "공작원이라
고 다 죽는 것은 아니다"는 사실에 자신감을 얻었다. 삶에 대한 원초적
생존 본능이 작동하며 4년을 이겨냈다.

그는 1985년 초 김일성혁명역사·김일성 및 김정일 노작·정보학·
비합법전술·특공전술 등 5개 과목을 치르는 국가졸업시험을 무난히
통과했다. 5월에는 대외연락부로 복귀해 대남공작원에 정식으로 임명
됐다.

그게 끝이 아니었다. 김동식은 두 번째 관문을 통과해야 했다. 밀봉
교육과 적구화(敵區化) 교육이 기다리고 있었다. 그에게 특명이 떨어
졌다.

**남조선 사람이 되시라.**

# 서울 사람이 된
# 평양 간첩

## 9년 갇힌 채 남한화·밀봉 훈련

사진은 기록이다. 기록은 종종 놀라운 사실을 폭로한다.

2005년 2월 2일자 중앙일보 1면에 납북 어부 단체사진이 실렸다. 북한의 대남공작원(남파간첩) 출신 김동식은 그 사진 속에서 낯익은 얼굴과 마주쳤다. 김동식은 1995년 2차 남한 침투 때 군경과 총격전 끝에 생포된 뒤 대한민국에 정착한 상태였다.

납북자가족모임이 공개한 사진에는 '묘향산 휴양기념 1974'(오른쪽 위)라는 직인이 찍혀 있었다. 1971년 서해상에서 납북된 휘영37호 선원 12명과 72년 납북된 오대양 61, 62호 선원 24명 등 납북 어부 36명의 모습이 담겼다.

납북 어부 36명의 사진을 보도한 2005년 2월 2일자 중앙일보 1면. 납북자들이 1974년 가슴 왼편에 김일성 배지를 달고 묘향산을 찾아 기념촬영을 한 모습이다. 남파간첩 김동식은 "적구화 교육 중 내게 서울말을 가르친 '하선생'이 납북 어부였다는 사실을 중앙일보를 보고 처음 알았다"고 말했다. 굵은 빨간색 원 안이 김동식이 지목한 하 선생이다. ⓒ중앙포토

사진 속에 '하 선생'(굵은 빨간색 원 안)이 있었다. 김동식이 1990년 1차 침투를 앞두고 평양에서 적구화 교육(남한 사람 만들기)을 받을 때 서울말을 가르친 '강사'가 하 선생이었다. 세월이 많이 흘렀지만 하 선생의

모습은 또렷했다.

## 서울말 강사 '하 선생'은 납북 어부

정확한 이름은 모르고 그저 '하 선생'이라고 불렸는데, 그에게 서울말을 배우면서 친해졌지요. 말이 별로 없는 과묵한 성격이었고, 북한에서 결혼해 딸아들을 낳았다는 정도만 알려졌지요. 당시 30대 후반으로 키가 175cm 정도로 큰 편이었습니다. 본명·납북 경위 등 하 선생의 신분은 보안상 비밀이었지요. 그가 납북 어부 출신이란 사실은 중앙일보를 보고 처음 알았습니다.

김동식의 증언은 1950~70년대 북한이 대한민국 어부를 강제로 납치한 뒤 남파간첩 침투를 위한 적구화 교육에 동원했다는 아픈 역사를 고발한다. NLL(북방한계선)을 넘거나 공해상에서 조업 중 북측 경비정에 나포된 뒤 지금까지 북한에 억류된 남한 어부는 457명으로 통일부는 추정한다.

## 남한 출신 월북자들이 가르친 '적구화 교육'

적구화(敵區化), 김동식과 '하 선생'을 잇는 연결고리다. 적구는 '적이 통치하는 구역', 즉 남한을 일컫는 북한식 용어다. 한국에선 '남파됐다'

고 하지만, 북한 대남공작 부서에서는 '적구에 나간다' '적구에 침투한다'고 표현한다.

적구화 교육은 대남공작원에게 남한의 언어와 생활 풍습, 사회 환경을 가르치는 현지인화, 즉 한국인화 훈련이다. 대남공작원들이 남파됐을 경우 북한 사투리를 쓰거나 남한 물정을 몰라 신고 또는 검거되는 '불상사'를 막기 위한 조치다.

김동식은 1988년 7월부터 1년 동안 적구화 교육을 받은 뒤 서울 사람으로 완벽하게 변신에 성공, 1990년 1차 남파공작 임무를 마치고 평양에 귀환했다. 적구화 교육을 담당한 강사들은 자진 월북하거나 '하 선생'처럼 강제로 납북된 남한 출신이었다. 강사들은 남한 사회 전반에 대한 학습을 책임지고 서울말, 춤과 노래도 지도했다.

김동식은 평양 순안구역 등에 있던 적구화 전용 초대소(일종의 '안가', safe house)에 수용돼 강사들과 24시간 온종일 부대끼며 몸과 머릿속에 남한을 새겼다. 김동식은 새로 도입된 적구화 교육을 완수했다는 의미에서 '새세대 청년공작원'이라고 불렸다. 이 표현에는 흥미로운 역사적 사연이 담겼다.

## "나는 밀사다. 박정희 만나게 해 달라" 황태성 사건

연고선(緣故線) 공작이란 게 있었다. 김동식이 공작원에 발탁되기 전이다. 1970년대 중반까지 북한이 6·25 전쟁 전후의 월북자 중에서 우수한 인력을 선발해 남파간첩으로 침투시켰던 전술이다.

남한에 혈연·지연·학연 같은 연고가 있고, 남한 말과 문화에 익숙한 남한 출신 월북자·납북자를 공작원으로 활용함으로써 한국인화 과정을 건너뛰고, 접선과 포섭에 용이할 것이라고 판단했다. 당연히 적구화 교육이 필요 없었다.

연고선 공작의 대표적 사례가 5·16 직후 박정희 대통령을 포섭하려고 밀파됐던 황태성(1906~63) 사건이다. 황태성은 박정희가 '세상에서 가장 존경했다'는 친형 박상희와 공산당 활동을 같이 한 친구였다.

경북 상주 출신의 황태성은 1946년 대구 10·1 사건을 주도한 직후 월북해 북한 무역성 부상(副相·차관)을 지냈다. 그런 그가 5·16 성공 100여 일 뒤인 1961년 8월 말, 휴전선을 넘었다. 김일성은 박정희와 황태성의 관계, 박정희의 좌익 전력에 주목했다고 한다. 박상희는 김종필(JP) 당시 중앙정보부장의 장인이다. 그해 10월 중앙정보부에 체포된 황태성은 "나는 밀사(密使)다. 박정희, 김종필을 만나게 해 달라"고 했지만 거부당하고 간첩 혐의로 처형됐다. JP는 『김종필 증언록』에서 이렇게 술회했다.

1963년 9월 중앙정보부가 공개한 황태성 사진. '간첩 황태성'이라고 적혀 있다. 그는 "나는 밀사(密使)다. 박정희를 만나게 해 달라"고 했지만 간첩 혐의로 처형됐다. ⓒ중앙포토

황태성은 남북협상 밀사로 자처했지만, 김일성은 황태성에게 박정희와 나를 만나서 북한에 합류하도록 설득 공작을 해보라는 밀명을 내렸던 것이다. 나는 황태성을 큰 간첩으로 취급했고 혁명 과업에 장애가 된다고 판단, 그 문제를 빨리 없애버려야 했다.

과거 우리 수사기관이 발표한 '월북자 가족 관련 간첩 사건' '납북 어부 간첩 사건'은 연고선 공작과 무관하지 않다.

## '새세대 공산주의자'의 탄생

연고선 공작은 1970년대 중반 난관에 부닥쳤다. 남한에 연고가 있던 월북자들이 늙어감에 따라 고도의 정신적·육체적 능력이 요구되는 대남공작을 수행하기 힘든 상황에 처했다. 남한에서 방첩이 강화되고 연고자들의 자수 권유, 주민들의 간첩 신고, 공작원의 자수와 변절로 인해 간첩망 붕괴 등 사고도 잇따랐다.

공작원의 세대교체가 불가피해졌다. 북한은 공작원을 직접 길러내기로 방향을 틀었다. 순수 북한 출신에 의한 대남공작으로 전환했다.

김동식처럼 남한에 연고가 없는 신세대를 선발, 사상적으로 무장시키고 지옥훈련을 통해 강철 체력의 인간 병기로 가공하는 과정에 더해 적구화 교육을 추가했다. 이를 통해 서울말에 능숙하고 남한에 대한 지식과 상식을 갖춘 남파간첩을 '제조'하겠다는 전략이었다.

# 拉北 고교생 2명 더 있다

## 77년 홍도서 실종… '以南化' 교관 활동중

**안기부, 간첩통해 확인**

20년전 실종된 고교생 2명이 북한에 납치돼 대남(對南)공작원 교육교관으로 활동중인 것으로 추가로 밝혀졌다.

국가안전기획부는 77년 8월 홍도 해수욕장에서 실종됐던 경기도 송탄 소재 태광고교생 이민교(李珉校·38)·최승민(崔乘珉·37)씨 등 2명이 평양 룡성구역 '이남화(以南化) 종합대학'에서 대남공작원 교육교관으로 활동중인 것으로 확인됐다고 9일 발표했다.

안기부는 이들은 사실이 퇴직 공작원의 제보와 귀순자 등을 통해 밝혀낸 것이라고 말했다.

최승민      이민교

장년의 제보에 따라 검거검렴·귀순자 등을 통해 행적을 추적한 결과 드러났다고 밝혔다.

안기부는 지난달 20일에도 78년 8월 전북 군산 앞바다에서 실종됐던 전남 송도 해수욕장에서 각각 실종됐던 고교생 3명도 북한에 납치돼 북한에서 공작원들에 대한 교육 교관으로 일하고 있다고 발표했었다.

이번에 행적이 확인된 추씨 등은 고교친구 사이로 77년 8월12일 여름 태풍을 맞아 홍도로 갔다가 실종됐었다.

가족의 신고를 받은 경찰은 두 사람을 찾지 못한 채 88년 2월 '단순가출사건으로 소재를 찾지 못하기 때문에 내사 종결'했으며 광주지검 목포지청도 88년 4월 '진정사건을 종결처리한다'고 가족에게 통보했다.

그러나 지난달 20일 '78년 실종된 고교생 3명이 북한에 납치됐다'는 안기부의 발표를 보고 당시 이 사건을 담당했던 전 전남도경 대공분석실장 최석우(60·80년 퇴직)씨가 '추씨 등이 77년 8월12일 홍도로 가는 배를 탄 사실은 있지만 홍도에서 밖으로 나온 기록이 없는 점'을 떠올리고 안기부에 추씨 등도 북한에 납치됐을 가능성이 크다고 제보했다.

안기부는 이에 따라 추씨 등의 사진을 갖고 최발된 간첩 배찬남(35)·송화식(35)·귀순자 윤영천(29)씨 등을 통해 확인, 추씨 등이 북한에 있는 것으로 최종결론을 내렸다.

오대영 기자

[CR] **현철씨의 외출**

1997년 12월 10일자 중앙일보 23면.
1977년 전남 신안군 홍도해수욕장에서 실종된 고교생 2명에 관한 기사다. 국가안전기획부는 두 사람이 북한에서 대남공작원 강사로 활동하고 있다고 발표했다.

ⓒ중앙포토

적구화 교육은 그렇게 시작됐다. 김동식은 북한 김정일정치군사대학에서 혹독한 단련을 거친 뒤 적구화 교육을 통해 완성된 새세대 청년공작원 출신 1세대 요원이었다. 새세대 명칭은 북한 혁명영화 '조선의 별'에 나오는 김일성의 청년 시절 동료들을 지칭하는 '새세대 공산주의자'에서 따왔다.

## 외국어보다 힘든 서울말 배우기

적구화 교육에서 언어는 가장 중요했다. 남한에 침투해 북한말이나 이북 사투리를 그대로 쓰다가 발각될 경우 공작 활동 자체가 불가능했기 때문이다.

공작원들은 서울말(표준어)과 경상도말, 전라도말 등 세 지역 언어 중

공작 활동 지역에 맞춰 배웠다. 강사들이 만든 교재를 갖고 강사의 억양과 발음을 따라 하고 고치는 식이었다. TV에 나오는 아나운서나 탤런트의 말을 반복하는 연습도 했다. 김동식의 회고다.

**같은 민족의 언어를 1년씩이나 배웠는데도 북한말을 버리고 서울말을 티 안 나게 체득하기가 어려웠지요. 전혀 모르는 외국어를 새로 배우는 것보다도 힘들었습니다.**

김동식에게 서울말을 교습한 강사는 앞서 언급한 납북 어부 출신의 '하 선생' 외에 '박 선생'이 전담했다. 박 선생은 전형적인 서울 토박이였다. 그의 정체가 조금 알려졌는데, 본명이 '오\*\*'이며 서울에서 용산고와 한국외국어대학교 프랑스어과를 졸업하고 파리에서 유학하다가 1970년대 말 월북했다고 한다.

## 조용필 밴드서 드럼 쳤다는 전라도말 강사

경상도말과 문화를 가르친 경상도 출신 선생들도 있었다. 유일한 전라도 사람이었던 '황 선생'은 가수 조용필을 따라다니면서 드럼을 쳤다고 자랑하곤 했다. 본명이 '하\*\*'라고 했는데, 춤과 노래를 가르쳤다. 대남공작원이 남파된 뒤 남한 사람들과 어울리다 보면 블루스와 디스코 정도는 출 줄 알아야 한다고 했다. 고스톱도 같은 이유로 배웠다.

적구화 교육에서 서울말 학습은 기본에 불과했다. 남한에 잠입해 목숨을 부지하려면 평양 간첩이 서울 사람으로 둔갑해야 한다. 그러려면 남한의 정치·경제·군사·문화·교육 실상, 생활방식과 풍습 등 남한의 모든 것을 숙지해야 했다. 남한에서 고교를 졸업한 일반인 수준의 소양을 갖추는 게 목표였다.

## 난생처음 본 남한 드라마

김동식은 한국 TV 뉴스와 드라마를 그때 난생처음 접했다. KBS와 MBC의 9시 뉴스를 2~3일 시차를 두고 편집한 녹화 테이프를 시청했다. '사랑과 야망' '사랑이 뭐길래' '서울의 달' 등 드라마와 '일요일 일요일 밤에' '강변가요제' 등 쇼 프로도 활용됐다. 테스트는 이런 식이었다.

**저 뉴스 진행하는 사람은 누구입니까?(강사)**
**KBS 류근찬, MBC 백지연입니다.(김동식)**

"남조선 대중가요 100곡을 부르고 유명 가수 이름을 줄줄 외워야 공작원 자격이 있다"며 강사들은 가요 카세트테이프를 되풀이해서 틀었다. 조용필의 '돌아와요 부산항에' '허공' 등을 포함해 윤항기·남진·나훈아·서유석·혜은이·주현미·이은하·이선희 등 1960~80년대 대표적인 가수들 이름과 히트곡명을 달달 외웠다. 적구화 초대소에는 가라

오케 시설이 있어 가끔 실습할 기회도 있었다. 이상하게도 팝송은 학습 목록에 없었다.

## 이제야 진짜 공작원이 되었소

남한 언론을 보면서 시사 지식을 넓혔다. 중앙일보 등 8개 전국 종합 일간지를 읽고 남한 정세와 사회상을 파악했다. 정치인과 10대 재벌그룹 회장의 이름을 외우고, 가전제품·화장품·의류·신발류·식료품은 어떤 회사 제품이 유명한지를 암기했다.

이 밖에 스포츠, 군대, 대학, 백화점, 재래시장, 숙박업소, 교통수단, 술집·카바레 등 남한 사람으로 위장하기 위해 아주 세세한 사항들까지 습득했다. 북한에 없는 야구의 경우, TV를 보며 야구 룰과 '이만수' '선동열'을 머리에 주입했다.

김동식은 1년 동안 체력 훈련도 잠시 중단한 채 오직 적구화 교육에만 집중했다. 그 결과 남한 사람보다 남한을 더 잘 아는 간첩으로 재탄생했다. 적구화 교육을 마치고 테스트를 통과하자 담당 과장이 말했다.

**선생은 이제야 진짜 공작원이 되었소.**

## 마카오에서 자본주의 체험 실습

자본주의 사회를 체험하는 기회가 있었다. 1989년 12월 보름간 마카오로 해외 실습을 다녀왔다. 자본주의 사회에 대한 이해를 넓히고 공작 활동에 적용하라는 취지였다. 지도원과 공작원 2명과 함께 관광과 쇼핑, 그리고 카지노·개경주장·해수욕장·극장 등 서비스 시설들을 이용해 보고 자본주의 생활 방식과 사회 실상을 단편적으로나마 곁눈질했다. 에로영화와 카지노 내 스트립쇼를 '견학'했다.

김동식은 전혀 말이 통하지 않는 마카오에서도 얼마든지 살 수 있다는 사실을 체험했다. 하물며 언어와 피부색·풍습 등이 같은 남한에 자연스럽게 스며들 수 있다는 자신감을 갖게 됐다.

지나간 10년이란 인고의 세월을 돌이켜 봤다. 적구화 교육에 앞서 김동식은 '초대소 밀봉(密封)교육'에 돌입했었다. 김정일정치군사대학 졸업 직후 노동당 연락부 대남공작원으로 임명된 뒤 5년간 바깥세상과 철저히 격리된 채 '남파의 날'을 준비했다.

초대소(招待所)는 공작원이 먹고 자는 숙소이자 안전가옥(안가)이다. 공작원·운전기사·전용 요리사의 침실 2~3개, 탁구대·샌드백 등이 비치된 운동 공간, 학습실, 식당으로 구성된 1~2층짜리 단독주택이 일반적이다.

김동식이 받은 밀봉교육은 홀로 또는 2인 공작조를 꾸려 사실상 가둬 두고(밀봉) 개인 훈련을 시키는 방식이었다. 사상 무장 강의는 노동

2018년 9월 문재인 전 대통령이 남북정상회담 당시 묵었던 평양 백화원초대소 전경. 백화원초대소는 과거 한국 대통령 방북 때 숙소로 사용했던 특각(특별초대소)으로 불리는 김씨 일가의 별장이다. 공작원용 안전가옥도 초대소로 불리지만 시설이나 규모, 용도에서 다르다. 김동식은 "초대소는 한마디로 공작원 숙소이자 공작 임무 수행을 위한 교육과 훈련을 하는 업무 공간으로 일종의 안전가옥과 유사하다"고 말했다.
ⓒ평양사진공동취재단

당 간부들이 방문해 1대 1 맞춤형 교습으로 진행됐다. 격술·사격·통신·운전·20kg짜리 배낭을 멘 구보 등 지옥훈련은 대학 때와 마찬가지로 끊임없이 강행했다.

초대소 안에서는 외부와의 연락 차단은 물론이고 공작원들끼리의 접촉도 금지됐다. 공작원들은 초대소 지역에 마련된 전용 극장과 매점을 도보로 이동할 때는 대낮에도 선글라스와 마스크를 착용하고 검은 우산을 썼다. 승용차를 타고 이동할 때도 마스크와 선글라스를 착용했다.

서로의 얼굴이나 신원은 알아서도, 알려서도 안 되는 극비였다. 남한에서 체포되거나 변절할 경우, 다른 간첩들의 연쇄 노출을 막고 간첩조직을 보호하기 위한 조치였다.

초대소는 순안·만경대 등 평양 외곽 4~5개 지역에 밀집해 있었다. 김동식이 머문 순안구역에만 50~70개 개별 초대소가 있었다. 그만큼 당시에는 간첩 양성과 남파가 활발했다는 얘기다. 초대소 요리사는 보통 남편과 사별하거나 이혼한 여성들이며, 접대원은 고등중학교를 졸업한 미모의 아가씨들이 대부분이었다. 불륜 사고도 곧잘 벌어졌다. 불미스러운 일이 발생하면 어떤 이는 쫓겨나고, 어떤 이는 결혼했다는 입소문이 돌았다. 초대소 구역도 사람이 사는 곳이었다.

## '북악산'을 만나 대동 복귀하라

김정일정치군사대학 → 밀봉 → 적구화-해외실습으로 약 10년간 이어진 길고도 사나운 준비를 마쳤다. 1990년으로 해가 바뀌었다. '남파'만 남았다. 김동식이 머물던 초대소로 노동당 부부장(차관급) 간부가 찾아왔다.

**이 선생**(이철호, 김동식의 두 번째 가명), **공작조를 편성해 일을 시키려고 하는데 어떻소?**(노동당 부부장)
**시켜만 주시면 어떤 임무든지 수행할 자신이 있습니다.**(김동식)

그렇게 대답하리라 믿었소. 우리 함께 손잡고 일을 잘해 봅시다.(노동당 부부장)

마침내 명령이 하달됐다. 1990년 1차 남한 침투는 이렇게 시작됐던 것이다.

**10년 전 남조선에 파견된 '북악산'을 만나 대동 복귀하고, '백암산'을 접선해 지하당 조직을 구축하라.**

# 남한 누빈
# 공작조 10팀

## 품성까지 적힌 '포섭 리스트'

1980년대 남한에서 청년학생운동을 이끌었던 주요 운동권 인물들을 포섭해 지하당 조직을 구축하라.

1995년 8월 초, 노동당 대남공작부서인 사회문화부 6과(대남공작과) 소속이던 김동식에게 2차 남한 침투를 준비하라는 명령이 전격적으로 떨어졌다.

포섭 리스트에는 주요 대학 총학생회장 출신 등 쟁쟁한 운동권 10명의 이름이 올랐다. L, W, K, H 등 남한에서 반정부 시위와 집회를 주도하던 대학 운동권 핵심들이었다. 남한 신문과 방송을 접하고 있던 터라 몇몇은 익숙했고, 몇몇은 생소했다.

그들의 인적사항이 담긴 대외비 파일을 넘겨받았다. 사회문화부에서 축적하고 분석한 운동권 인사들에 대한 자료들이었다. 신문과 잡지 기사 스크랩, 기고문, 연설문, TV방송 녹음테이프, 주요 경력이 빼곡히 담겼다. A급, B급, C급 등 등급이 매겨져 있었다. 이념 성향이 가장 중시됐다. 주체사상을 신봉하는 주사파가 우선 포섭 대상이었다. 총학생회 등에서 어떤 역할을 했는지 조직 지도 능력도 따졌다. 시위와 집회 투쟁을 주도한 경험자를 선호했다. 도덕성과 품성 같은 인물 세평(世評)도 포함됐다.

**운동권 인사들을 무더기로 포섭하려는 대담하지만 무모한 공작은 실현 가능할까? 독일 통일-동유럽 공산주의 몰락-소련 해체-냉전 붕괴로 이어지는 급변하는 역사의 소용돌이 속에 주체사상이 남한 운동권에 먹혀들까.**

이런 의구심이 김동식의 생각을 관통했다. 당시의 화려한 대남공작 실적이 그에게 자신감을 불어넣었다.

## 남파간첩 전성시대

남파간첩의 화양연화(花樣年華). 사회문화부 소속 공작원들, 즉 간첩들은 1980년대 말~90년대 초반 전성시대를 구가했다. 가장 아름답고 찬란했던 시절, 즉 화양연화에 빗대어도 손색이 없었다.

이 시기에 사회문화부에서는 김동식 공작조를 포함해 '공화국영웅'을 15명이나 배출했다. 이 중 2명은 2회 연속 받아 '공화국 2중영웅'이 됐다. 하늘에서 별을 따기보다 힘들다는 공화국영웅 칭호였다. 이런 영예를 남파간첩들이 대거 따냈다는 사실은 그들이 남한에 침투해 누군가를 포섭하거나 지하당을 조직하는 등 임무를 성공적으로 수행했음을 의미한다.

## 남한을 들락날락한 10개 공작조

김동식은 취재 중 우리에게 이렇게 증언했다.

1987~92년 5년 사이에 사회문화부에 2인 1조의 공작조 10개(20명)가 남파돼 평균 2개, 총 20개 정도의 간첩망을 새로 구축하거나 기존 간첩망을 지도검열하며 들락날락했습니다. 저를 포함해 두 번 연속해 침투한 공작원만 4명입니다. 대남공작부서에서는 80년대 말부터 '투쟁패' '운동권' 등의 생소한 용어와 함께 자생적인 주사파 등장을 주목했고, 포섭에 적극 나섰던 결과였지요.

실제로 간첩들은 제집 드나들 듯했다. 남파간첩 윤택림은 '강철서신'

언론인·대학강사등 포섭 지하당 구축

# '민혁당' 간첩단 적발

'강철서신' 김영환씨등 4명 구속 송치

민족민주혁명당(민혁당) 수사 결과를 보도한 중앙일보 1999년 9월 10일자 27면. 가운데사진은 김영환.
ⓒ중앙포토

을 쓴 김영환을 밀입북시켜 '관악산 1호'라는 대호(암호명)를 받게 하고 민족민주혁명당(민혁당)이란 지하당을 조직하도록 지원했다. 그가 1989년 서울에 남파돼 암약하면서 관리한 간첩망이 5개에 달했다고 한다.

남파간첩 임모·최모는 1990년 2월 전 민중당 공동대표 김낙중을 접선하고 공작금 210만 달러와 공작 장비를 전달했고, 김동식 공작조는 같은 해 황인오와 손병선의 포섭을 달성하고 월북했다. 남한을 농락한 사례들은 이 밖에도 수두룩했다.

1980년대 말~90년대 초 남파간첩들이 휘젓고 다닌 행적은 남한조선노동당 중부지역당(1992년), 구국전위(1994년), 민족민주혁명당(1999년), 일심회(2006년), 왕재산 간첩단(2011년) 사건 등이 검거되면서 사실로 드러났다. 물론 드러난 것만 그렇고, 지금껏 형체를 드러내지 않은 간첩 사건은 더 있을 수 있다는 얘기다. 오죽했으면 김일성이 1992년 봄 포섭 공작을 주도하던 사회문화부 부장(장관급) 이창선을 불러 치하했다고 한다.

**너희들이 최근 4-5년간 거둔 공작 성과가 과거 40여 년간 대남공작에서 거둔 성과보다 크다. 정말 대단하다.**

## 간첩 전성기와 맞물린 주사파 부상

남파간첩의 화양연화 시절은 남한에서 주체사상파(주사파)가 급부상하던 시기와 절묘하게 포개진다. 1980~90년대에 남한 대학가에선 운동권 양대 축인 NL(National Liberation · 민족해방)과 PD(People's Democracy · 민중민주)가 한국 사회에 대한 인식, 투쟁 방향, 북한과의 관계 설정을 놓고 주도권 투쟁을 벌였다.

PD 계열은 한국 사회 문제의 원인으로 자본주의의 노동-자본 간 계급문제에 치중하며 마르크스-레닌주의를 추종하는 경향을 보였다. 북한 정권에 대해서도 일정한 거리를 뒀다.

반면에 NL은 한국 사회의 모순이 남북 분단에서 비롯됐다고 봤다. 특히 김영환(서울대 법대 82학번)이 1986년 쓴 '강철서신'을 통해 주체사상을 전파하면서 주사파를 NL 계열의 주도세력으로 끌어올리는 데 결정적 영향을 미쳤다. 남한에서 자생적 주사파가 수면 위로 떠오른 출발점이다. 이어 주사파는 운동권을 장악했고, 전국대학생대표자협의회(전대협)와 한국대학총학생회연합(한총련)으로 계승됐다.

## 북한 이념 서적이 주사파 의식화 교재로 둔갑

남파간첩 전성시대는 우연이 아니었다. 김동식이 전했다.

**북한 대남공작부서 간부들은 남한 내에 자생적 주사파가 존재한다는 사실과 주사파가 북한과 손을 잡는 데 대해 거부감이 없고, 오히려 자랑거리로 여긴다는 점에 상당히 고무돼 있었습니다.**

이때부터 북한은 포섭 공작과 함께 의식화 공작에도 힘을 실었다. 남한의 운동권 내에서 전개되던 '북한 바로알기 운동'에 적극적으로 개입했다. 두 가지 방식이 활용됐다.

첫째는 평양방송의 '김일성방송대학' 강의를 통해 주체사상과 변혁운동(주체를 바탕으로 한 외세 몰아내기 통일운동) 이론을 전파하는 것이다. 둘째는 이념서적을 배포하는 전술이었다. 『위대한 주체사상 총서』 등 북한 원전이나 『한국사회 성격 논의의 재조명』 등 이념서적을 제3국을 통해 남한 내에서 비밀리에 들여보내 출판하도록 유도한 뒤 대량으로 운동권에 확산시켰다.

당시 주사파의 정서를 감지할 수 있는 에피소드 한 편. 북한 이념서적이 주사파의 의식화 교재로 활용된 경우다.

김동식은 1990년 1차 침투 때 『한국사회 성격 논의의 재조명』이란 책자를 갖고 돌아갔다. 이 책은 한 운동권 인사가 "최근 해외에서 들여와 언더에서 인쇄한 책자인데, 이론적으로 설득력 있게 잘 정리했다"며 선물로 건넸다. 김동식은 속으로 웃었다. 이유가 있었다.

**저자는 김일성종합대학 철학과를 졸업한 엘리트로서 북한 사회민주당 위원장을 역임한 김영대입니다. 내가 초대소에서 밀봉교육을 받던 때 직접 와서 개별 강의를 해줬던 분의 책을 남한 운동권에서 몰래 탐독하고 있더라고요.**

북한은 주사파에게 이론적 무기를 공급하기 위해 문제의 책을 제작한 후 일본을 거쳐 남한에 배포했다. 김동식이 받은 책은 가공의 필자를 내세워 출판한 『한국사회 성격 논의의 재조명』 중 하나였다.

## 사상 무장 위한 대학원 과정

북한은 남한의 자생 혁명가를 끌어들이기 위해 방송과 서적을 활용하는 동시에 대남공작원에 대한 사상적 세뇌에도 주력했다. 1980년대 말 사회과학 이론을 집중적으로 가르치는 2년 과정의 '연구원 교육'을 신설한 배경이다.

교육 대상은 남한 침투 경력이 있거나 적구화(남한 사람 만들기) 교육을 받은 공작원들 가운데 충성심과 자질이 증명된 일부를 엄선했다. 남한의 대학원 과정과 유사한 연구원 교육은 사회과학원·김일성종합대학·김정일정치군사대학의 석학들을 초대소로 초빙해 개인교습을 받는 과정이다. 김동식은 1991년 2월부터 연구원 교육을 밟았다.

교육 과목은 여섯 개였다. 김일성·김정일 혁명역사, 주체철학, 주체의 혁명이론(변혁운동이론), 정치경제학, 남한 대중운동 정세, 지하당 건설이었다. 강의 중에는 『해방 전후사의 인식』(79년), 『한국 근현대 민족해방운동사』(88년) 등 남한 서적을 교재로 삼기도 했다. 남파공작원들이 주체사상과 대남혁명이론을 통달해 사상적으로 무장함으로써 이론적인 대응 능력을 키우기 위한 조치였다.

김일성 주석이 1994년 7월 8일 새벽 심근경색으로 사망했다고 보도한 중앙일보 1면.
ⓒ중앙포토

이처럼 북한이 대남공작원 한 명을 키워내기 위해 쏟는 노력과 의지는 놀랐다. 김동식의 경우만 볼 때, 김정일정치군사대학 4년-밀봉·적구화 교육 5년-대남 침투 실습 6개월- 대학원 교육 2년 등 10여 년의 세월과 자원을 투자했다. 여기가 끝이 아니다. 또 '당 간부 현실체험' 1년이란 시간이 더해졌다. 김동식은 1993년 가을부터 1년간 평양 신발공장 당 책임자와 평양시 동대원구역당 조직부장으로부터 당 간부 현실체험 훈련을 거쳤다.

## "수령님 돌아가셨으니 조의금 내겠다" 소동

당 간부를 체험하며 김일성 사망이라는 역사적 사건을 겪었다. 김동식이 평양시 동대원구역당 조직부장으로 일할 때였다. 1994년 7월 25일로 예정된 김영삼 대통령과의 정상회담을 17일 앞두고 환경미화작업이 한창이었다. 김일성 사망은 7월 9일 발표됐다. 잘 알려지지 않은 당시 북한의 분위기를 김동식은 전했다.

공식 발표는 없었지만, '100일 애도 기간' 중 북한 전역에서 100명 이상의 주민들이 충격을 받아서 사망했다고 한다. 북한 주민들이 실성한 것처럼 울부짖으면서 슬퍼했던 장면은 TV를 통해 전 세계에 중계됐다. 연출이라는 주장이 있었지만 실제로 그랬다. '수령님은 영원히 살 것'이라고 믿었던 주민들이 정신적 공황에 빠졌던 것이다.

"우리 수령님이 돌아가셨으니 조의금을 내겠다"는 주민들의 문의가 전국에서 잇따르는 소동이 벌어졌다. 중앙당에서 '조의금은 거두지 말라. 국가 예산으로 한다'고 정리한 뒤에야 진정됐다.

## 김일성 사망 이후 전혀 동요하지 않은 북한

100일 애도 기간 직후 노동당은 당 간부들을 포함해 주민을 상대로 사상 재평가 작업을 했다. 애도 기간 중 문제가 있는 행동을 한 경우 가차 없이 숙청했다. 여름에 무덥다고 사우나에 간 경우, 중국 등에 해외 출장을 갔다가 귀국하지 않은 경우, 직원들과 회식한 경우 등을 본보기로 삼아 "네 아버지가 죽어도 샤워하냐, 집에 안 돌아오냐, 술 처먹고 노냐"는 이유를 붙여 대대적인 숙청작업이 벌어졌다.

북한 붕괴설과 관련, 김동식은 김일성 사망 후 "빠르면 사흘, 길어도 3년"이라고 북한 붕괴를 예언한 남한 정부 관계자와 북한 전문가들의 호들갑을 북한에서 지켜봤다. 김동식의 설명이다.

동요는커녕 한 치의 미동도 전혀 없었습니다. 남한신문을 접하는 공작원들은 '저 사람들 북한을 저렇게 모르냐' 하고 혀를 찼습니다. 그때는 이미 김정일이 권력을 완전히 장악한 상태였고, 김일성은 허수아비에 불과했지요.

## '내가 알고 배운 사회주의가 아니다'

김동식에게 당 간부 체험 훈련은 사회 현실과 체제의 모순에 눈을 뜨게 한 계기가 됐다. 10년 넘게 사회와 단절된 채 공작원이 전부이자 최고로 알았다. 남조선 혁명을 달성하는 것이 인생의 목표였다. 하지만 평양 주민의 실상을 목도하면서 '내가 알고 배운 사회주의가 아니다'는 회의에 빠져들었다.

평양 신발 제조 공장의 간부로 현장에 갔더니 기계는 녹슬고 멈췄다. 그나마 겨우 돌아가는 기계마저 원료 자재가 없어서 놀고 있었다. 노동자들 집을 방문해 보니 헐벗고 배고픔에 찌든 거지와 다를 바 없었다.

1989년 7월 전대협의 평양축전 참가를 위한 결의대회에서 학생들이 경찰 진압에 맞서 옥상에서 시위하고 있다. ⓒ중앙포토

반면에 빨치산 2세들은 주머니에 달러를 다발로 넣고 다니며 온갖 허세와 허식을 다 떨었다.

**저는 중국, 마카오, 그리고 서울을 직접 다녀봤습니다. 북한의 수준이 그런 나라들에 비해 최소한 30% 정도는 되겠지 생각했는데, 3%도 안 되는 겁니다. '내가 목숨 바치려고 했던 나라가 이 모양인가' '누군가 쿠데타라도 해줬으면 좋겠다'는 불순한 생각마저 들었습니다.**

## 운동권 인사 포섭 위해 2차 침투

김동식은 주체사상이 주장하는 이론과 북한의 실제 현실 간의 차이를 확인했다. 입 밖에는 꺼내지 못하고 홀로 심한 속앓이를 했다.

게다가 자신이 가담했던 '남한조선노동당 중부지역당 사건'이 1992년 가을 적발되면서 김동식의 공작원 신분이 남한에 노출됐다. 공작원 세계에서 신분 노출은 죽음을 뜻한다. "공작원에서 퇴출해야 한다"는 이야기가 조심스럽게 흘러다녔다. 20대에 공화국영웅 칭호를 받았으니 시샘의 대상이 되기도 했다.

탈출구를 찾아야 했다. 2차 남파에 미래를 걸기로 했다. 공작 임무를 완수하면 당과 조국에 대한 충성심을 입증하는 동시에 해외 공작원이란 새로운 삶을 모색해 볼 수 있으리라.

운동권 인사들과 접선해 '북한에서 김정일 지도자 동지의 특명을 받고 파견된 연락대표'라고 소개하고 '북한과 협력해 남조선 변혁운동과 통일운동을 함께하자'고 설득하라.

이런 포섭 지령이 내려왔다. 1995년 8월 29일, 남파 침투일이 정해졌다. 이제 리스트에 오른 운동권 인사들을 만나 공작에 돌입하기로 했다.

# 포섭 1순위는 SKY 출신

## 간첩 만난 미래 정치인들

1995년 11월, 국가보안법상 불고지죄가 대한민국 사회를 뜨겁게 달 궜다. 남파간첩 김동식이 촉발했다. 김동식이 포섭을 시도했던 운동권 출신 '거물'들이 불고지죄의 그물에 걸려들었다. "나는 북에서 온 노동 당 연락대표"라며 간첩 신분을 밝혔는데도 그와의 접촉을 당국에 신고 하지 않은 혐의(不告知)로 줄줄이 검거되고 사법처리 위기에 몰렸다.

이 사건이 터지기 두 달여 전 김동식은 남한에 두 번째로 침투했다. 당시 그는 80년대 대학생 시위와 집회를 주름잡던 30대의 386 운동권 을 직접 만나 "통일운동을 같이 하자"고 제안했다. 그들 중에는 훗날 장 관과 국회의원을 지낸 쟁쟁한 인물들이 포함됐다(괄호 안은 1980~90년대 주요 운동권 경력, 이하 존칭 생략).

---

- **이인영**(고려대 총학생회장·전대협 1기 의장)
- **허인회**(고려대 총학생회장)
- **우상호**(연세대 총학생회장)
- **함운경**(서울대 삼민투 위원장·서울 미문화원 점거농성 주도)
- **황광우**(서울대 경제학과·민중당 지구당위원장)
- **정동년**(전남대 복학생협의회 의장·광주전남연합 의장)

---

운동권 인사들은 불고지죄 혐의를 전면 부인했다. 일부는 "정보기관의 프락치 또는 정신이상자로 생각해 신고하지 않았다"고 해명했고, 어떤 이는 만남을 부인했다. 간첩 신고를 한 경우도 있었다. 유·무죄의 희비가 엇갈렸다.

도대체 무슨 일이 있었나. 북한 노동당 대남공작본부(사회문화부)는 왜 고대·연대 총학생회장 출신을 찍어 포섭을 시도했을까. 김동식은 이렇게 설명했다.

**대남공작본부에선 전취(戰取, 포섭) 대상을 주체사상 신봉자, 학생 및 노동 운동 경력자, 품성이 좋은 자 중에서 엄선했습니다. 특히 서울대나 고대·연대 등 최고 명문대 학생회장 출신의 운동권 인물을 선호했습니다. 그들 중 단 한 명이라도 전취에 성공한다면 웬만한 다른 대학 학생회장 100명보다 파급효과가 크다고 판단했습니다.**

김동식의 입을 빌려 당시의 상황을 거슬러 추적해 보자. 행적과 대화 내용은 그의 증언을 토대로 재구성했음을 밝혀둔다.

## 5년 만의 2차 남한 침투

1995년 8월 29일, 김동식은 남파를 위해 북한 남포항에서 공작조원 박광남과 함께 어선으로 위장한 전투선을 타고 출발했다. 1990년 5~10월까지 144일간의 남파에 이어 5년 만에 대남공작에 다시 투입됐다.

서해 산둥반도를 거쳐 제주 남단 공해상에서 반잠수정으로 갈아탄 뒤 4일 만에 성산일출봉 앞바다에 잠입했다. 이어 제주발 여객선을 타고 목포로 이동했다. 초단파 무전기 6대와 권총 2정·실탄 50발, 공작금 미화 4만 5000달러·한화 400만 원을 쇼핑백 두 개에 나눠 든 채 검색대를 대담하게 돌파했다.

이어 대전-양양-강릉-남양주-이천-성남을 활보하며 장비와 공작금 일부를 매몰하고, 무인포스트에서 다른 간첩이 숨겨둔 무전기를 회수해 북한에 '무사 침투, 포섭 공작 착수'라는 암호문을 보냈다.

## "경찰에 신고하겠다" 정동년

작전에 돌입했다. "1980년대 남한에서 청년학생운동을 이끌었던 주요 운동권 인물들을 포섭해 지하당 조직을 구축하라"는 지령을 수행하는 일이다. "포섭 대상에게 '북한에서 김정일 지도자 동지의 특명을 받고 파견된 노동당 연락대표'라고 밝히고 '북한과 협력해 남조선 변혁운동과 통일운동을 함께 하자'고 설득하라"는 공작지도부의 지시를 그대로 이행하기로 했다.

제일 먼저 정동년(당시 52세, 광주전남연합 의장)을 만나러 전라도 광주로 내려갔다. 그의 집 전화번호를 알아내고, 수차례 통화를 시도한 끝에 9월 12일 저녁 정

1988년 11월 국회 광주특위 청문회에서 김대중내란음모 조작사건과 관련해 증인 선서를 하는 정동년. ⓒ중앙포토

동년의 집을 방문할 수 있었다. '김대중 내란음모 조작 사건'에 연루돼 옥고를 치렀던 정동년은 '노동당 연락대표'라는 김동식의 말에 화들짝 놀랐다.

**당장 나가 달라. 나가지 않으면 경찰서에 신고하겠다.**

정동년은 '통일운동' 운운하는 김동식을 정보기관 프락치로 보고 내쫓다시피 했다. 1차 포섭 시도는 실패였다.

## "트드 아는가" 신분 검증한 허인회

그로부터 사흘 뒤에는 허인회(당시 31세, 새정치국민회의 당무위원)를 상대했다. 그는 서울 영등포 전자상가에서 통신업체를 운영하고 있었다. 허인회에게 전화를 걸어 "목포에서 전자상을 하는 박광선이다. 사업상 물어볼 문제도 있어 자문을 구하고 싶으니 시간을 내 만나 달라"고 부탁했다. 그의 사무실에서 만남이 성사돼 인근 당산공원과 음식점으로 자리를 옮겨 다니며 대화를 이어갔다.

**사실 당신을 찾아온 목적이 따로 있다. 지금부터는 진솔한 얘기이니 놀라지 마라. 나는 북에서 온 노동당 연락대표다.(김동식)**

1985년 9월 고려대 대강당에서 열린 시국대토론회에서 마이크를 잡은 당시 고대 총학생회장이던 허인회의 모습.ⓒ중앙포토

아, 그런가. 무엇 때문에 찾아왔는가?(허인회)

김정일 지도자 동지가 보내서 왔다. 당신과 손잡고 통일운동을 해보라는 특명을 받았다.(김동식)

지금 나는 운동권 일선에서 떠난 몸이다. 도움 될 것도 없고 얘기를 길게 할 것도 없다.(허인회)

나를 못 믿는가.(김동식)

'트드'라는 거 아는가?(허인회)

김일성 주석이 1927년에 조직한 '타도제국주의동맹'의 약칭 아니냐.(김동식)


'ㅌㄷ'는 북한식 발음이다. 북한에서는 자음을 두 가지 방식으로 읽는다. 하나는 '기역 니은 디귿 리을…'처럼 남한과 같다. 또 다른 하나는 '그 느 드 르…' 식이다. 즉, '티읕'과 '디귿' 두 자음을 '트드'라고도 발음한다. '타도제국주의동맹'은 김동식이 학습한 '김일성 혁명역사'에 나온다.


혹시 '조광'을 아느냐?(허인회)

'김일성 주석이 1936년 만주에서 조직한 '조국광복회'의 약칭이다.(김동식)


조광도 '김일성 혁명역사'에 담긴 대목이다. 허인회는 김동식의 정

체에 대한 검증을 마친 듯 자신의 무선호출기 번호와 교신방법을 알려
줬다.

하지만 북한과 협력해 투쟁하자는 제의는 완강히 배척했다. 김동식
은 며칠 뒤 난색을 표명하는 허인회와 다시 만났으나 소득이 없었다. 허
인회에게 호출신호를 보냈으나 그는 끝내 대답하지 않았고, 만날 수도
없었다. 포섭은 무산됐다.

## "김일성 욕하는데 웃는 게 간첩이냐" 황광우

다시 광주로 내려갔다. 이번에는 황광우(당시 37세, 전 민중당 당원)였
다. 그는 주사파 NL(National Liberation, 민족해방) 계열 포섭 대상자와 달
리 서울대 경제학과 출신으로 PD(People's Democracy, 민중민주) 계열
운동권의 대표주자 중 한 명이라고 알려졌다.

황광우가 운영하는 논술학원의 전화번호를 알아내 통화했다. "대전
에서 노동운동을 하는 사람인데 조언을 얻고자 한다"고 속여 만남을 끌
어냈다. 하지만 그는 김일성을 대놓고 비판했
다. 포섭은 또 좌절됐다.

김동식의 기억에 따르면, 황광우는 일간지에
'김동식은 간첩이 아니다'라는 글을 썼다. "김일

1992년 14대 국회의원 선거에 출마한 황광우 한국노동당
창당준비위원.ⓒ중앙포토

성 욕하는데도 '허허' 웃더라. 그런 사람이 무슨 간첩이냐"고 지적했다. 그는 김동식이 간첩이 아니라고 생각하면서도 안기부에 신고했다.

남파 전 황광우를 포섭 대상에 포함하느냐를 놓고 공작부서 내부에서 논쟁이 벌어졌다. "김일성주의에 비판적인 PD 계열을 왜 포섭하려 하느냐"와 "PD 계열이라고 안 된다는 법은 없다"는 갑론을박이 있었다. 일단 가서 부딪쳐 보자는 결론이 났고, 서울에서 테스트해본 결과 PD 계열은 달랐음을 확인했다.

## "당신, 프락치 아니냐" 이인영

이인영(당시 31세, 전대협동우회장)과의 접촉은 그달 22일경 서울 연지동 기독교회관 신관 커피숍에서 이뤄졌다. 주사파 계열의 전대협 1기 의

1980년대 김대중, 김영삼 전 대통령과 함께 자리에 앉아 있는 이인영(오른쪽에서 셋째) 국회의원. ⓒ이인영 의원 홈페이지

장을 맡았던 그를 만나 "북한에서 온 당 연락대표"라고 소개하면서 본론에 들어가려 했다. 그러자 이인영은 큰소리를 치며 자리를 박찼다.

**아니, 당신 무슨 소리 해. 당신 프락치 아니야. 얘기 안 해.**

포섭은 고사하고 대화 자체를 포기하고 물러나야 했다.

## "저희끼리 하겠습니다" 우상호

함운경(당시 31세, 자주평화통일민족회의 조직부장)과는 9월 25일경 서울 명륜동에 있는 민족회의 사무실 근처 레스토랑에서 대화를 나눴다. 1985년 미 문화원 사건으로 2년여 복역한 뒤 석방된 함운경은 전국연합·전농 등 40여 개 재야단체가 결성한 통일운동 조직인 '자주평화통일민족회의'에 몸담고 있었다.

1985년 5월 함운경 서울대 삼민투 위원장(왼쪽에서 셋째)이 점거농성을 푼 뒤 서울 미국문화원을 나서는 모습.ⓒ중앙포토

함운경은 처음에는 호의적인 느낌을 줬지
만 결정적인 순간, 즉 "북한과 통일운동을 함
께 하자"는 말에는 극도로 경계했다. "여유
를 두고 생각해 보라"고 말하고 사흘 뒤 같은
장소에서 만나기로 약속을 받아냈으나 함운
경은 나타나지 않았다. 또 낭패를 맛봤다.

마지막으로 우상호(당시 33세, 청년정보문화
센터소장)에게 접근했다. 서울 신사동 청년정
보문화센터 그의 사무실 근처 지하다방에서

1987년 연세대 총학생회장
당시의 우상호 전 국회의원.
ⓒ중앙포토

대면했다. 그가 월간지 편집위원으로 활동한다는 점을 미리 파악하고,
"글을 투고하려는데 도움을 받았으면 한다"고 둘러댔다. 김동식의 얘기
를 듣던 우상호는 점잖게 물리쳤다.

**저희끼리 하겠다. 돌아가시는 것이 좋을 것 같다.**

## 6전 6패의 초라한 결과

김동식의 여섯 번의 포섭 시도가 모두 수포로 돌아갔다. 실패한 포섭
이었지만 여파가 컸다. 김동식이 1990년 1차 침투 때처럼 무사히 평양
에 복귀했더라면 운동권 인사들이 처벌받는 일도 없었고, 그들과 접촉
했던 사실도 역사의 비밀로 남았을 것이다. 하지만 그해 10월 김동식이

검거된 이후 남파간첩을 신고하지 않았던 사실이 뒤늦게 들통나자 후폭풍이 몰아쳤다.

함운경, 우상호, 이인영, 허인회 4명이 불고지 혐의로 한때 구속됐다. 황광우·정동년은 김동식을 간첩으로 신고해 화를 피했다. 이인영과 우상호는 "김동식이 미친 사람처럼 보여 신고할 필요를 느끼지 못했다"고 주장해 처벌을 피했다. 이인영은 당시 구속적부심에서 "나는 그가 분명히 과대망상증 환자이거나 공안기구의 공작원이라고 생각했다. 그가 나에게 역공작을 한 것이라고 생각했기에 신고하지 않았다"고 했다.

허인회와 함운경은 대법원에서 집행유예를 받아 유죄가 인정됐다. 허인회는 만남 자체를 완강히 부인했다. 1심 무죄와 2심 유죄의 엇갈린 판결은 1998년 2월 대법원에서 불고지죄가 확정됐다.

함운경은 2023년 9월 언론 인터뷰에서 김동식과의 회동을 설명했다.

**어느 날 우리(함운경과 김동식)는 다방에서 대화를 나눴다. 그(김동식)는 자신을 남파된 공작원이라고 했다. 나는 의심쩍었다. 남한의 시민단체 조직부장(함운경)한테 와서 뭔가 이야기할 수 있는 정도의 수준이 안 되는 사람이라고 판단했다.**

## '맨땅에 헤딩' 포섭 전략

여기서 의문이 든다. 김동식으로선 분주했을 뿐 초라한 헛짓이었다.

북한 공작지도부에서 선정한 6명을 접촉하는 데는 성공했지만, 포섭하는 데는 6전 전패였다. 북한 대남공작본부의 전략적 실수인가, 김동식의 역량 미달인가, 아니면 주사파 운동권이 북한에 관심이 없었던 탓일까. 김동식은 북한 복귀 시 '무능한 공작원'이라는 오명을 들을까 노심초사하며 실패의 원인을 곰곰이 따져봤다. 그에게 물었다.

**Q. 생면부지의 낯선 사람에 '맨땅에 헤딩' 하는 포섭이 먹힐 것으로 봤나?**

A. 1980년대 후반 한국 사회의 민주화가 실현되고, 주사파 등 자생적 혁명가들이 대거 출현했다. 북한은 '할머니 간첩' 이선실처럼 장기 고정간첩 침투 방식에서 탈피, 공작원을 남파해 전취 대상 인물과 직접 접촉한 뒤 설득하는 공격적 공작전술로 전환했다. 1980-90년대 포섭된 민혁당 사건(1999년)의 김영환, 남한조선노동당 중부지역당 사건(1992년)의 황인오에서 보듯 '맨땅에 헤딩' 전략이 성공했기에 너무 안이하게 덤벼든 게 패착이었다.

**Q. 포섭 실패의 원인은 무엇인가?**

A. 북한식 표현으로 '정세 판단의 심각한 오류'가 컸다. 서독의 동독 흡수 통일(1990년), 운동권이 이상사회로 여겼던 소련과 동유럽 사회주의 붕괴(1991년), 운동권 우상이던 김일성 사망(1994년) 등 국제정세 변화가 주사파 등 운동권에 충격을 준 듯했다. 무턱대고 '우

1991년 8월 26일 소련의 붕괴를 알린 중앙일보 1면.ⓒ중앙포토

리와 손잡자'는 시대착오적 맨땅에 헤딩 전략이 통하지 않았던 거다. 내가 나이(당시 33세)도 젊고, 공작 경험과 설득력이 부족해 강한 신뢰감을 주지 못한 점도 원인이었다.

## 시인 고은을 찾아서

김동식에게는 운동권 포섭보다 더 중요한 임무가 따로 있었다. 1980년대 남파된 고정간첩 '봉화 1호'를 접선해 북한으로 대동 복귀하라는 명령이었다. 봉화 1호는 '할머니 간첩' 이선실처럼 최고인민회의 대의원과 당중앙위원회 후보위원에 오른 거물이었다. 봉화 1호의 행방을 찾기 위해 시인 고은을 수소문했다.

# 대선 2년 전
# "고은을 포섭하라"

## 김동식, 남과 북에서 버림받다

    남파간첩 김동식의 운동권 포섭은 완벽한 실패였다. 1980~90년대 학생 운동권을 주름잡던 이인영·허인회·우상호·함운경·황광우·정동년 6명을 상대로 한 공작은 무위로 끝났다. '공화국영웅' 영예를 안겨준 1990년의 1차 남파와 달리 1995년 2차 남파에선 패색이 짙어만 갔다.

    절망은 부질없다. 김동식은 운동권 포섭보다 더 중차대한 작전에 운명을 걸었다. "남한에 잠복 중인 대남공작원 '봉화 1호'를 접선하고, 그가 포섭했다고 보고한 '고봉산'을 접촉해 '남한의 대권주자'와 핫라인을 구축한 뒤, 봉화 1호를 데리고 북한으로 복귀하라"는 지령을 완수해야 했다.

봉화 1호는 1980년 봄 남파된 충청도 출신의 북한 공작원 대호(암호명)다. 1926년생으로 6·25 때 월북한 이후 결혼해 아들딸 7남매를 낳고 살다가 대남공작원으로 차출돼 15년간 남한에서 암약 중이던 고정간첩이다. 북한 권력 서열 22위였던 '할머니 간첩' 이선실에 비견될 정도로 거물이다. 최고인민회의 대의원과 당중앙위원회 후보위원(장관급)에 오른 인물이다.

## 고은 포섭하라

1990년대 초반 봉화 1호에게 북한에서 지시가 하나 떨어졌다.

**고은을 포섭해 불교계에 장기 토대를 마련하라.**

2000년 6월 13일 평양 백화원 영빈관에서 김대중 대통령 내외와 김정일이 건배를 하고 있다. 김 대통령 오른쪽 옆에 고은 시인이 보인다.ⓒ중앙포토

얼마 후 봉화 1호는 "고은 포섭에 성공했다"고 회신했다. 북한은 고은에게 '고봉산'이란 공작대호를 명명했다. 훗날 노벨상 후보로 거론된 바로 그 고은 시인(이하 존칭 생략)이었다. 당시 자유실천문인협의회·민족문학작가회의 등에 주도적으로 참여하며 통일운동에 앞장선 재야인사로 유명했다. 1980년 '김대중 내란음모사건'에 연루돼 옥고를 치렀다.

고은과 김대중(DJ) 전 대통령의 관계는 각별했다. 1998년 2월 DJ의 대통령 취임식에 초대되어 찬시를 헌정했다. 2000년 남북정상회담 때 DJ의 특별수행원 자격으로 북한을 방문했다. 당시 고은은 만찬장에서 "우리 민족을 생각하며 시를 썼다"며 '대동강 앞에서'를 낭송하고 김정일과 건배했다.

고은 포섭은 더 큰 그림의 일부였다. 노동당 사회문화부(대남공작부서) 이원국 부부장(차관급)이 2차 남파를 앞둔 김동식을 불러 '대권주자 DJ와의 핫라인 구축'에 관한 배경을 설명했다.

**김대중, 대통령 될 테니 핫라인 구축하라**

김동식이 회고하는 1995년 2차 남파 직전 이원국의 말이다.

**우리는 차기 대통령선거(1997년 12월)에서 김대중씨가 대통령에 당선될 것으로 생각하고 있소. 그는 과거 우리가 도움을 많이 준 사람이오. 지금 우리와의 비상연락선(핫라인)을 구축해 놓아야 대통령에 당**

1997년 대통령선거 포스터. 왼쪽부터 이회창, 김대중, 이인제 당시 후보. ⓒ중앙포토

**선된 이후 원활한 연락을 유지할 수 있소. 그러기 위해서 이번에 선
생들(김동식·박광남 공작조)이 파견되는 것이오.**

이원국의 설명은 이어졌다.

**현재 김대중씨 주변에는 사람이 많지만 대부분 국회의원이거나 많
이 공개되고 노출된 사람들이기 때문에 비공개적으로 연락원 역할
을 할 사람들이 많지 않소. 그런 의미에서 고봉산(고은)은 김대중씨와
우리를 연계시켜줄 적임자라고 할 수 있소.**

김동식에 따르면, 북한 대남공작부서에서는 당시 새정치국민회의를
창당(1995년 9월 5일)하고, 정계에 복귀한 DJ가 1997년 12월 15대 대통

령선거에서 당선될 가능성을 높게 점치고 있었다. 2년 후의 대선 판세를 꿰뚫고 있었다.

이원국은 김영삼(YS) 대통령에 대해 촌평도 했다.

**현재 대통령을 하는 김영삼씨에게도 우리가 여러 번 사람을 보내 접근을 시도했는데, 그는 끝내 우리 도움을 받지 않았소. 그는 참 영리한 사람이오.**

## DJ "김일성 때문에 고생했다"

김동식은 취재팀에 부연설명을 했다.

**김대중씨의 당선 가능성과 관련된 자세한 배경은 모른 채 이원국 부부장의 말을 들은 게 전부였습니다. 당시 제 판단으로는 만약 봉화1호가 북한을 배신하지 않았다면 고은을 포섭한 것이 사실일 것이고, 고은 포섭이 맞는다면 김대중씨와의 핫라인 구축은 가능하다고 생각했습니다.**

DJ는 1988년 평민당 시절 서경원 의원 방북, 1989년 문익환 목사 방북, 1992년 이선실 월북 등 북한 관련 사건이 잇따르면서 연루설에 얽혀 곤욕을 치렀다. 2023년 중앙일보에 연재한 '김대중 육성 회고록'

에서 북한에 대한 DJ의 불만을 엿볼 수 있다.

**개인적으로 나는 김일성 때문에 고생했다. 그가 생전에 북한에서 궐기대회를 통해 '김대중을 지지하라'고 하는 바람에 나를 굉장히 어렵게 만들었다. 하도 답답해서 북한과 인연이 있는 일본의 거물급 정치인 우쓰노미야 도쿠마를 통해 '제발 그런 짓 좀 하지 말아 달라'고 통사정했다. 당시만 하더라도 빨간 넥타이만 매도 사상이 이상하다고 공격을 받던 시절이다.**

## 고은 "나는 문학인"

접선해야 할 봉화 1호의 행방이 오리무중이었던 점이 문제였다. 고은을 먼저 찾아가 봉화 1호를 수소문하기로 했다.

김동식은 침투 전 고은의 신상 자료를 검토했다. 1933년 태어나 18세에 출가했다가 10여 년 만에 환속한 이력에서부터 언론 기사와 인터뷰, 저서와 시집, 민족문학작가회의 등 재야 단체의 활동, 가족 사항과 거주지 등에 관한 내용이 담겼다.

고은이 사는 경기도 안성군 공도면 자택을 무작정 방문했다. 두 가지 목적이었다. 우선, 봉화 1호의 행적과 소재를 파악하는 게 급선무였다. 봉화 1호가 고은을 포섭했다고 보고했으니 둘 사이에 연락망이 있으리라 짐작했다.

**자운 스님(봉화 1호의 가짜 법명)이 어디 계신지 아시는지요?(김동식)**

**자운? 그런 분 모릅니다.(고은)**

뭔가 석연치 않았지만 DJ와의 핫라인을 만드는 작업을 시도했다. 김 동식은 '북에서 파견된 노동당 연락대표'라는 신분을 밝히고 제의했다.

**북한과 협력해 통일운동을 함께 하시죠.(김동식)**

**나는 운동하는 사람이 아니라 문학인입니다. 그런 사람을 찾으려면 백**\*\*** 같은 분을 만나보시죠.(고은)**

아차, 싶었다. 봉화 1호의 포섭 보고는 흰소리였다. DJ와의 핫라인은 고사하고 포섭 시도조차 실제로 있었는지 의심스럽고 혼란스러웠다. 고은의 눈과 표정을 주의 깊게 관찰했으나 빈말이 아닌 듯했다. 빈손으로 물러나야 했다. 당연히 DJ와 핫라인 구축도 포기했다.

## 실체 없는 봉화 1호

봉화 1호의 전향 의혹이 커졌다. 그렇다고 북한 공작지도부의 지시를 거역할 수도 없는 노릇이었다. 덫에 걸리더라도 직접 추적에 나설 수밖에 없었다.

봉화 1호는 '자운'이라는 법명으로 위장해 충청남도 부여군 석성면 정각리에 있는 사찰 '정각사'에 적을 두고 활동 중이라는 공작지도부의 정보를 일단 신뢰했다.

수색접선이 불가피했다. 일반적인 접선과 다른 변칙이다. 일반 접선은 쌍방이 미리 정한 일시와 장소에서 약속된 신호와 암호, 표식물을 검증하며 직접 만나는 방식이다.

스파이의 세계에서 수색접선은 전향이나 배신 등 한쪽을 믿을 수 없을 때 실시한다. 공작부서에서 파견하는 A 쪽에게만 접선 지시를 하고, 현지에 파견됐지만 의심스러운 B에게는 접선 사실을 숨긴다. A는 B에게 몰래 접근해 변절하지 않았는지 확인한 뒤 접선하는 방식이다. 변절자로 확인되면 제거한다.

봉화 1호를 색출하기 위해 수색접선에 돌입했다. 정각사를 답사했다. 자운이란 스님은 없었다. 부여와 논산 일대 사찰을 탐문해 봐도 자운은 금시초문이라는 답이 돌아왔다. 봉화 1호의 실체가 안갯속처럼 묘연했다.

## 권총 무장하고 접선 장소로

북한 공작지도부에 무전으로 보고했다.

**이인영·허인회·우상호·함운경·황광우·정동년·고은을 만나 포섭을 시도했으나 실패했다.**

**봉화1호는 정각사에 없으며 그의 존재가 확인되지 않는다.**

22일 밤 북한으로부터 답신 지시가 내려왔다.

**공작 대상들이 포섭에 응하지 않으면 연락조직이라도 해주고 복귀
하라.**
**봉화1호에게 정각사에서 대기하라고 지시했으니 접선하라.**
**복귀 접선은 10월 29일 밤 12시로 한다.**

전문을 받은 이튿날 정각사의 주지라고 하는 사람으로부터 연락을
받았다.

**자운 스님이 10월 24일 정각사에 온다.**

직감이 불길했다. 수색접선은 은밀성이 생명이다. 김동식만 접선 정
보를 알고 봉화 1호는 접선 여부에 대해 몰라야 한다. 그런데 봉화 1호
에게 정각사에 대기하라는 지시를 내려 누군가 찾아갈 것이라는 암시
를 준 셈이었다. 수색접선의 원칙에서 벗어났다.
10월 24일, 도살장에 끌려가는 기분으로 정각사로 향했다. 김동식·
박광남 공작조는 실탄을 장전한 권총을 가슴에 품었다. 봉화 1호가 이
상한 행동을 하면 현장에서 사살할 작정이었다.

2024년 5월 31일 김동식과 함께 정각사를 찾아 1995년 10월 24일의 상황을 추적했다. 산이 병풍처럼 둘러싼 정각사는 인적이 드문 아담한 사찰이었지만, 오솔길로만 드나들 수 있는 요새의 형세였다. 함정을 파고 매복하기에 안성맞춤이었다. 김동식은 기자가 현장에 있는 듯한 착각을 일으킬 정도로 '29년 전 그날'을 생생하게 묘사했다.

## 접선 대신 총격전

김동식과 박광남은 인근에서 버스를 내려 산 중턱에 있는 정각사로 향했다. 김동식은 양복바지에 티셔츠와 콤비를 입고 구두를 신었고, 박광남은 청바지에 티셔츠와 점퍼를 입고 운동화를 신었다.

김동식은 만약의 사태에 대비해 박광남을 골짜기에 은폐하고 홀로 정각사로 갔다. 정각사 앞마당에서 청바지 차림의 머리가 희끗희끗하고 50대 중후반의 남성과 마주쳤다.

**자운 스님이 집안 어른이신데, 여기에 계시다고 해서 왔습니다. 연세도 많으셔서 뵙고 가려고 하는데 혹시 보셨는지요?(김동식)**

**자운 스님이 며칠 전에 오셨는데, 저 아래 밭에서 약초를 가꾸고 있습니다. 모셔다 드릴까요?(50대 남성)**

**제가 내려가서 뵙겠습니다. 약초밭이 어디지요?(김동식)**

불안감이 덮쳤다. 걸음을 재촉해 박광남을 만나 사태를 설명했다.

**아무래도 이상해. 빨리 벗어나자.**

그때 정각사에서 내려온 프라이드가 김동식 일행 옆에 멈췄다. 운전석에 앉은 승복 차림의 청년이 말을 건넸다.

**볼 일이 있어 시내에 나가는 길인데, 모셔다 드릴까요?(청년)**
**저희는 약초밭에서 만날 분이 있거든요. 먼저 가보세요.(김동식)**

청년은 15m가량 더 가다 차를 세우고 내리더니 갑자기 권총을 겨누며 소리쳤다.

**꼼짝 마, 손들어!**

정각사에 매복했던 경찰이었다. 덫에 걸려들었다.

김동식은 콤비 안주머니에서 권총을 꺼냈다. 그 순간 승복 청년이 한 발을 발사했다. 김동식도 벨기에제 브라우닝 권총으로 응사했다. 곧이어 숨어 있던 수 명이 총을 쏘며 몰려들었다.

김동식 일행은 산으로 도주해 시간을 벌었다. 부여로 간 뒤 버스를 타고 서울로 탈출하는 계획을 세웠다. 산에서 내려오다 국도변에 서 있는 봉고 트럭을 발견했다.

**광남아, 저 트럭을 타고 가자.**

운전기사를 강제로 내리게 한 뒤 김동식이 적재함에 뛰어올라 경찰들과 총격전을 벌이는 사이 운전석에서 박광남이 시동을 걸려 했지만, 말을 듣지 않았다. 트럭 탈취에 실패하고, 박광남을 앞세우고 도로를 가로질러 뛰려던 김동식은 순간적으로 정신을 잃고 쓰러졌다.

콩 볶는 듯한 총격전 도중 경찰이 쏜 한 발의 총알이 김동식의 장딴지를 관통했다. 북한에서 배운 대로 '혁명적 자폭'을 시도할 겨를도 없이 생포됐다. 김동식과 박광남은 각각 실탄 6발이 든 탄창 2개, 모두 24발의 총알을 쐈다. 경찰관 2명이 치명상을 입고 산화했다. 홀로 도주한 박광남은 그로부터 3일 후 토벌대에 쫓기다 총에 맞아 숨졌다.

## 거짓으로 드러난 '고은 포섭'

수갑을 찬 김동식은 부여경찰서로 호송되는 차 안에서 상황을 되짚었다.

'고은 포섭'은 거짓 보고였다. 봉화 1호는 이미 오래전 전향한 것이다. 고은을 포섭하라는 북한의 지령은 봉화 1호가 배신한 이후 하달됐다. 'DJ와 핫라인을 구축하라'는 공작 임무도 허구에 기초한 소설에 불과했다.

한국 수사기관의 역공작에 말려들었다. '고은 포섭'이라고 북한에 무전을 친 사람은 봉화 1호가 아닌 한국 수사기관이었다. 정각사에서 봉화 1호와의 접선을 지시한 북한의 암호는 쉽게 해독했다. '남파공작원을 정각사에 보낼 테니 숨어있다가 체포하라'고 미리 귀띔해준 셈이었다.

## 사형수의 운명

김동식이 검거된 10월 24일은 5년 전 김동식에게 공화국영웅 칭호를 수여한 영광의 날짜와 일치했다. 김동식의 15년 대남공작원 생활에 영원히 종지부를 찍은 날이 됐다.

김동식은 남과 북, 모두에게 버림받은 존재가 됐다. 남쪽에서는 부여경찰서 장진희·나성주 경찰관 2명의 생명을 앗아간 흉악한 '무장공비'이자 추방해야 할 이방인이었다. 북쪽에선 '대남공작원 김동식'은 실체가 없는 유령 인물이자 받아줄 수 없는 패배자였다.

남북 분단의 비극이 낳은 간첩 김동식의 삶은 그렇게 일그러지고 찢겼다. 김동식은 사형을 각오했다.

# 경찰관 2명을 쏜
# 남파간첩

## 29년 만에 용서를 구하다

　국립대전현충원 경찰2묘역 787호와 788호 묘소. 고(故) 장진희·나성주 경사가 나란히 잠들어 있다. 충남 부여경찰서 소속이던 두 경찰관은 1995년 10월 24일 부여군 석성면 일대에서 남파간첩 김동식·박광남과 교전 도중 총탄에 맞아 산화했다. 당시 장·나 순경은 각각 31세와 27세의 청춘이었다.

　김동식이 묘비 앞에 하얀 국화를 놓고 무릎을 꿇었다. 29년 만에 산자와 죽은 자의 첫 만남이다. 두 영령에게 사죄의 묵념을 올렸다.

　**천근 같은 마음의 짐을 안고 살아왔습니다. 원한도, 고의도 아니었지**

**만 씻을 수 없는 죄를 지었습니다. 우리는 분단과 이념의 희생자입니다. 이런 비극이 없는 시대가 왔으면 합니다. 용서를 구하며 명복을 빕니다.**

고통스러운 회상이다. 김동식도 그날의 총격전에서 장딴지에 관통상을 입었다. 간신히 목숨을 건진 채 생포됐다. 죽음을 각오했다. 경찰관 두 명의 생명을 앗아간 김동식에게 비참한 최후가 예견됐다. 1995년 당시 한국은 사형을 집행할 수 있었다. 사형 집행 중단은 1998년 김대중 정권 출범 이후다.

'혁명적 자폭정신'은 김동식의 뇌에 주입됐다. 평양 공작원 초대소에서 주체철학에 관한 밀봉교육 때 '역경 속 명예'를 지키는 길이라고 배웠다.

2024년 5월 대전현충원에서 김동식이 충남 부여 총격전으로 희생된 경찰관인 고 장진희(당시 31세) 경사 묘에 헌화하고 있다. 옆에 같이 희생된 고 나성주(당시 27세) 경사의 묘가 있다. ⓒ권혁재

남조선 혁명을 위한 성스러운 임무를 수행하다 적들에게 체포될 최악의 상황에 부닥치면 혁명적 자폭으로 생을 마감함으로써 충성해야 한다.

## "가족 숙청당했다"

전향을 거부했다. 자폭하지 않고 살아남은 김동식은 북한에 배신자였다. 북한에 있는 가족의 숙청을 방관하고 전향할 수 없었다.

KAL 858편 폭파범 김현희가 96년 초 안기부(현 국정원)로 찾아와 1시간 반 정도 대화를 나누었다. "안기부가 하자는 대로 하시라"고 전향을 설득했다. 부모·형제를 버릴 수 없었다.

그렇게 버티며 2년이 지난 어느 날, 부부 간첩으로 남파됐다가 검거된 최정남과 안기부에서 면담이 마련됐다. 최정남은 김동식처럼 밀봉교육을 받은 베테랑 공작원이었다.

**당신 가족이 모두 숙청당했다.**

숙청, 그 단어에서 진실을 포착했다. 숙청은 정치범수용소(북한식 표현으로는 '관리소')로 보내졌다는 뜻이었다. 김일성·김정일 부자에게 더 이상의 충성은 무의미한 짓이었다.

최정남 부부 간첩 사건을 다룬 중앙일보 1997년 11월 21일자 1면. 가운데 아래쪽 사진이 수사를 받던 중 스스로 생을 마감한 간첩 부인 강연정이다.ⓒ중앙포토

거부에서 협조로 돌아섰다. 경찰, 안기부, 정보사를 정처 없이 돌며 지루한 조사를 받았다. 검거된 지 3년 반이 지난 1999년 초, '공소보류' 결정이 내려졌다. 간첩죄를 묻지 않겠다는 조치다. 안기부와 검찰에서 격렬한 논란이 있었다고 들었다. 아마도 '북한 대남공작의 증인'으로 자백하고 협조한 대가이리라. 죽음의 공포에서 벗어났다. 대한민국 국민으로 살 부활의 기회를 얻었다.

"덤으로 사는 인생인데 앞으로 어떻게 살까?"라는 고민이 컸다. "누군가에게 봉사하고 보탬이 되는 삶을 살겠다"고 다짐했다. 북한 주민을 해방하는 일, 한국 자유민주주의 체제를 지키는 일이 그것이라고 정했다.

## 기무사 분석관으로 새 삶을 살다

김동식은 1999년 4월부터 국군기무사령부에 5급 분석관으로 특채
돼 7년 8개월간 북한의 대남공작 정보를 분석하는 업무를 했다. 이어
2008년 10월 국정원 산하기관 국가안보전략연구소 연구위원으로 옮겨
12년간 일했다. 북한대학원대학교에서 '북한의 대남혁명전략 전개와
변화에 관한 연구' 논문으로 북한학 박사학위를 땄다.

보금자리도 틀었다. 개인 사정 탓에 부인과 20대 두 아들은 캐나다
에서 떨어져 산다. 현재 그는 '사단법인 북한전략센터 이사장 곽인수'
라는 명함을 사용한다. 곽인수는 호적상 본명이다. 김동식은 체포 당시
와 그 이후 세상 사람들이 부르는 가명이지만, 편의상 사용한다.

## 새의 눈, 벌레의 눈

'일개' 남파간첩 김동식의 스토리를 '장황하게' 펼친 이유가 있다. 세
상을 보는 데는 두 개의 눈이 있다.

새의 눈(bird's-eye view)과 벌레의 눈(worm's-eye view)이다. 숲 전
체를 보려면 새의 눈으로 높고 멀리서 조망해야 한다. 숲속의 풀 한 포
기까지 세밀하게 보려면 벌레의 눈으로 관찰해야 한다. 새와 벌레의 눈
이 조화될 때 숲 전체의 생태계를 온전히 이해한다.

남북 간첩의 세계를 파악하려면 새와 벌레의 눈을 동시에 들이대야

한다. 벌레의 눈으로 앙시도(仰視圖)를 그린 뒤 새의 눈으로 조감도(鳥瞰圖)를 완성하고자 한다.

벌레의 눈으로 김동식이란 한 인간의 역동적인 삶과 역정을 지루할 정도로 자세히 살펴봄으로써 남파간첩의 세계라는 큰 얼개에 새의 눈으로 접근했다.

## 김동식 개인을 통해 목격한 대남공작

김동식이 공개한 실체적 진실은 사건의 급소를 찌른다. 지금까지 김정일정치군사대학의 주체사상 무장과 인간 병기 훈련, 공작원 초대소의 밀봉교육과 적구화교육, 포섭과 지하당 조직에 성공한 1차 남한 침투와 공화국영웅 칭호, 운동권 포섭에 실패하고 생포된 2차 남파에 이르는 전 과정을 상세히 다뤘다. 김동식 개인의 행적을 추적하면서 북한의 노골적인 대남공작의 전모와 실상을 목도할 수 있었다.

불편한 진실을 들춰냈다. 1980~90년대 주체사상에 경도된 주사파 운동권의 민낯, 일부 세력에서 "조작"을 주장한 거물 간첩 이선실 등 간첩사건의 실체가 김동식의 입을 통해 벗겨졌다. 그 시대 우리 사회의 생경한 풍경을 여실히 보여준다.

간첩전쟁은 이념의 대리전이다. 그 전쟁에 뛰어든 김동식의 삶은 뒤틀렸다. 잠입과 체포, 영웅과 배신자 사이에서 기구한 운명을 헤쳐 왔다. 간첩은 분단의 상징물이라는 사실을 웅변한다.

김동식의 고백은 솔직하고 실감났다. 신념과 분노, 진정성이 묻어났다. 그의 꿈이 담긴 인터뷰 일부를 소개한다.

**Q. '덤으로 사는 인생'의 목표는 무엇인가?**

A. 간첩사건이 발생할 때마다 법정에 나가 소위 '인권변호사'들의 인격적 모욕과 빈정거림을 감수하면서 북한의 대남공작 전술에 대해 자세하게 증언한다. 캐나다에서 유학 중인 아들을 귀국시켜 군대에 보냈다. 대한민국의 자유민주주의 체제는 지켜야 할 가치가 있기에 하는 일이다. 김정은 소유물에 불과한 북한을 자유와 인권이 보장되는 인민의 나라로 만드는 것이 봉사하는 삶이라고 믿는다.

**Q. 김정은은 "남북은 적대적 두 국가 관계" "통일 가능성은 없다"고 선언했는데, 대남공작 전술이 변한 것인가?**

A. '남과 북이 적대적 두 국가 관계'라는 말은 김정은이 직접 얘기했기 때문에 처음이라고 생각할 수 있는데, 이미 대남공작기관 내부에서는 그런 인식이 확고하다. 목숨을 내놓고 대남공작을 했던 이유다. 김정은은 헌법을 수정하면서 '전쟁이 일어나는 경우 대한민국을 완전히 점령·평정·수복하고 공화국 영역에 편입시키는 문제를 반영하라'고 했다. '무력에 의한 적화통일'을 노골적으로 시사했다.

Q. "디지털 시대에 무슨 남파간첩이냐"는 말들이 있다.

A. 무력 적화통일을 하려면 대남·대미 정보가 중요한 만큼 정보 수집을 포함한 북한의 대남공작은 더 강화될 것이다. 북한 공작원을 직접 남파하는 횟수는 감소할 수 있다. 그러나 공작원들이 해외에 나가 국적을 세탁한 뒤 제3국 여권을 가지고 남한에 침투하는 경우는 늘어날 것이다. 남한 내에 북한과 연계된 간첩망이 아직도 존재한다고 본다. 이들에게 공작금과 공작 장비를 전달하거나, 이들이 북한에 보내는 보고서와 선물을 가져가기 위해 대남 침투는 사라지지 않는다.


Q. 북한의 세습체제는 앞으로도 계속되나?

A. 김정일은 1974년 '당의 유일적 영도체계 확립의 10대 원칙'(10대 원칙)을 발표했다. 10대 원칙 제10조는 김씨 일가 세습을 명문화·제도화했다. '김일성 동지와 김정일 동지께서 이끌어 오신 주체 혁명위업, 선군 혁명위업을 대를 이어 끝까지 계승 완성하여야 한다'는 것이다. 김씨 세습체제를 대를 이어 영원히 지속하겠다는 강력한 의지다. 제10조 2항 '우리 당과 혁명의 명맥을 백두혈통으로 영원히 이어 나가며 그 순결성을 철저히 고수하여야 한다'에 따르면 김씨 일가 외에 '순결하지 않은 자'는 누구도 통치자가 될 수 없다.

Q. 김동식이 추진하는 북한 민주화는 무엇인가?

A. 북한 주민이 자유와 인간의 권리를 누리는 나라로 만들고 싶다. 김정은 제거 또는 김정은 체제 전복을 통해서만 가능하다. 이 목표는 북한에 드라마·노래 등 외부 정보를 유입시켜 북한 주민을 의식화하는 동시에 그들을 조직화해 스스로가 일어나야 실현된다. 남한의 민주화 투쟁 경험을 벤치마킹하면 된다. 아직은 북한 내부의 역량이 미흡하다. 지하당 조직 등 이런 일을 전문적으로 배운 저 같은 사람들이 외부에서 도와야 한다.

# "나는 인간 병기로 만들어졌다"

## 고교생과 탈북민도 참여한 김동식 토크 콘서트

북한에서 '공화국영웅' 칭호를 받은 대남공작원 출신 김동식과 2024년 8월 6일 서울 마포구 중앙일보 본사에서 토크 콘서트를 열었다. 이날은 평일 오후임에도 전국에서 참석자들이 몰렸다. 300석 규모 강당에 빈자리를 찾기 힘들었다. 신청자는 고교생부터 60대 이상으로, 4명 중 1명은 20대였다. 자신을 탈북민이나 외국 국적이라고 밝힌 참석자도 있었다. 토크 콘서트에선 공작원의 자질, 특수 훈련 과정, 전향 동기 등에 관한 김동식과의 일문일답이 1시간 30분 이어졌다.

Q. 황해도 출생 이후 북한 김정일정치군사대학으로 진학했다는데 어떤 곳인가.

A. 고향은 황해도 용연, 옛날 지명으로 치면 장연이다. 백령도 앞이다. 오늘같이 화창한 날 동네에서 조그마한 산에 올라가도 육안으로 백령도가 보인다. 김정일정치군사대학은 북한에서도 알려지지 않은 대

학이다. 1953년에 전쟁이 끝난 다음에 바로 1957년도에 설립했으니까 4년 만에 소위 '남조선 혁명'을 해야 되겠다고 해서 만든 대학이다. 한 마디로 스파이 양성기관이다.

Q. 그 대학에서는 어떤 교육을 받나.

A. 인간 병기를 만드는 곳이다. 보통 대학처럼 철학·경제·지리 등을 배우기는 한다. 하지만 가장 핵심적인 것은 대남 침투와 공작을 위한 훈련이다. 15kg짜리 모래 배낭을 메고 매일 10km, 일주일에 한 번 20km, 한 달에 한 번 40km를 뛰어야 했다. 하루 8시간 이상 무술 훈련을 하며, 태권도·유도·합기도·호신술을 통합한 격투술을 익혔다.

Q. 특수 훈련도 있었을 것 같다.

A. 3학년 때부터는 단도와 손도끼 던지기와 젓가락으로 목표물 맞히기 같은 특수 훈련도 받았다. 달리는 5t 트럭에 올라타는 훈련도 있었다. 오토바이 운전과 차량 탈취, 해상 침투를 위한 항해 기술, 스킨스쿠버 훈련까지 익혔다. 전투 수영 훈련도 있었는데 2시간 30분 동안 하면 물에서도 진짜 땀이 난다.

Q. 한국의 전략 시설을 파괴하는 교육도 받는다던데.

2024년 8월 서울 마포구 상암동 중앙일보에서 진행된 토크 콘서트에서 김동식이 참석자들의 질문에 답하고 있다. ⓒ장진영

A. 핵공학 과목도 배웠다. 공학자가 되려는 건 아니고, 유사시 시설을 파괴하기 위한 거다. 핵 발전소가 어떻게 돌아가는지 알아야 폭파할 것 아닌가. 철탑도 폭파해야 하니까 저기에 몇만 볼트가 흐르는지를 알아야 한다. 평양화력발전소도 견학했는데 어디를 때리면 한 방에 가느냐(붕괴되느냐) 배우기 위해서였다. 발전소 직원이 '물 끓는 드럼, 그러니까 솥을 폭파하면 된다'고 알려주더라.

Q. 극소수만 대남공작원으로 선발될 것 같다.

A. 1년에 보통 150명에서 200명이 들어 오는데 공작원으로 선발되는

사람은 극소수다. 처음에는 전투원으로 교육받고, 졸업 후 별도로 선발된 5~6명만이 대남공작원이 된다. 이들은 다시 평양으로 가서 추가적인 밀봉교육을 받는다. 이때부터는 외부와 완전히 차단된 생활을 한다. 실내에서 밖으로 나갈 때면 안면 노출을 방지하기 위해 선글라스와 까만 우산을 챙긴다. 남파공작원으로서 남한에서 활동하기 위해서는 완벽한 위장이 필요했다. 이를 위한 '적구화 교육'을 별도로 했다.

Q. 적구화 교육이란 뭔가.

A. 한마디로 북한 사람을 남한 사람으로 만드는 과정이다. 서울 출신 고교 졸업생과 같은 수준의 언어와 문화, 생활 습관을 익힌다. KBS·MBC 뉴스와 주말 드라마를 보고 정치·경제·문화에 대한 이해를 높였다. 당시 인기 있었던 가수의 노래도 숙지해야 했다. 조용필·나훈아·김추자 등의 노래를 수없이 들었다. 산 중턱에 터널을 뚫고, 그 안에 한국 시설을 똑같이 따라 만들어 놨다. 그 안에서 커피 시키고 계산하는 법을 배운다.

Q. 가짜 신분을 만드는 과정도 있었나.

A. 가짜 호적을 만들고 신분을 위장하는 훈련도 했다. 심지어 군 복무 경험이 없는 경우와 군대에서 있었던 일들을 마치 경험한 상황을 각각

말할 수 있도록 교육받았다. 밀봉교육을 통해 공작원들은 서로 신원을 알 수 없도록 철저한 보안도 유지했다.

Q. 남한에 침투할 때 무기는 어떤 것들을 소지하고 있었나.

A. 무전기·권총·수류탄, 그리고 자살을 위한 독약과 독침도 있었다. 공작금으로는 미화 3만 달러와 한화 500만 원을 소지했다. 당시 1달러가 720원대 정도였다. 서울 남대문 시장에서 환전해 사용했다.

Q. 남파 뒤에는 어떤 일을 주로 했나.

A. 크게 두 가지다. 남파간첩 이선실이 포섭했다고 한 김부겸씨(훗날 국무총리를 지냄)를 넘겨받아서 북한과 통신 연락을 해주고 오라는 게 첫 번째 임무였고, 두 번째는 남한에 있는 운동권 인사들 중에 특정인을 가서 포섭하고 지하당 조직을 만들고 오라는 거였다. 김부겸씨와는 실제로 만났지만 '당신하고는 상대 안 하겠다'는 반응을 보였다.

(참고: 당시 33세 정치인이던 김부겸씨는 1970~80년대 시국 사건에 연루돼 대학 제적과 복학을 반복하던 운동권 출신으로 정계에 입문한 상태였다.)

Q. 부여 정각사에서 체포됐을 당시 상황이 어땠나.

A. 1980년에 남파돼 스님으로 위장한 간첩을 만나러 갔다. 북한에서는

이 간첩이 남한으로 전향했을 것이라는 의심이 생겼다. 이 양반이 보낸 역공작 때문에 바다에서 북한 공작원이 함포에 맞아 사망했다고 판단했다. 하지만 내가 있던 공작 부서에서는 그럴 리 없다고 반박하는 상황이었다. 부여 정각사에 그를 만나러 갔을 때 남한 경찰들이 이미 잠복한 상태였다. 저쪽에서 먼저 '꼼짝 마' 하고 총을 꺼내 쐈다. 나도 살려고 총을 쏘며 산으로 도망갔다. 길가에 1t 트럭이 있었는데 시동이 걸리지 않았다. 그 뒤에 다리에 총을 맞고 정신을 잃었다. 내가 데리고 있던 조원은 3일 뒤에 현장에서 사살됐다.

Q. 침투 당시 남한 운동권에서는 북한에 의한 평화통일을 꿈꿨었는데 당시 생각은 어땠나.

A. 북한이 연방제 방식으로 평화 통일을 하면 남한의 주사파를 비롯해 친북 세력이 호응해 평화적인 방식으로 충분히 통일을 이뤄낼 수 있다고 봤다. 하지만 두 번 남한에 침투해 보고 나니 흡수 통일을 하기에는 한국 사회의 덩치가 너무 커 보였다. 북한에 있는 사람들이야 그런 낭만적인 평화 통일 생각을 할 수 있다. 위에서 시키니까 그냥 그런 생각을 벗어나지 못하는 것으로 보였다.

Q. 적구화 교육을 받았다고 하는데 그때 쓰는 돈은 실제 화폐인가, 아니면 위조지폐인가.

A. 위조는 아니다. 그 화폐를 공작금으로 갖고 나오기도 한다. 남한에서 6개월 살지 기간이 정해지면 거기에 따른 돈이 나온다. 보통 400만~500만 원 정도 한국 돈을 들고 온다. 나머지는 3만~6만 달러 미국 돈으로 가져온다. 이것도 위폐는 아니다. 한화를 쓰다가 조금 적응되면 서울 남대문 암시장에서 환전한다. 나도 몇 번 바꿔봤다. 한 번 가면 몇만 달러 바꾸는 식이다.

Q. 전향을 결심한 계기는?

A. 북한에서 교육받을 때는 대한민국이 썩어빠진 사회라고 배웠다. 하지만 직접 와서 경험해 보니 전혀 다른 나라였다. 자유롭게 의견을 말

할 수 있고, 체제에 반대해도 처벌받지 않는 사회였다. 그때부터 생각
이 변하기 시작했다. 북한에서 노동당 간부를 했던 경험도 전향에 영
향을 끼쳤다. 1200명 정도 일하는 신발 공장을 감독하면서 북한의
실상을 보게 됐다. 주민이 굶어 죽으면 지도자가 책임을 져야 하는데
애매한 노동당 간부가 총살됐다. 남한에서 잡힌 부부 간첩이 '북한에
있는 당신 가족이 모두 숙청당했다'고 전한 말도 결정적이었다. 분노
가 치밀어 오르더라. 나는 자수한 것도 아니고 죽지 못해 잡혀 있는데
부모는 무슨 책임이 있냐고.

Q. 간첩 전후의 삶은 어떤 차이가 있나.

A. 가장 중요한 건 죽음에 대한 짐을 내려놓았다는 데 있다. 15년 동안 남

파공작을 준비하면서 내가 나중에 언제까지 살 거라는 생각을 해 본 적이 없다. 전남 여수 무기전시관에 내가 타고 온 반잠수정과 똑같은 게 전시돼 있다. 좁은 공간에서 네 명이 탔다. 공기가 들어오지 않아 숨이 턱턱 막혔다. 그런 삶을 살다가 공작원을 그만두니까 너무 편안했다.

Q. 북한을 소재로 한 드라마나 영화를 봤을 때 고증이 잘못됐다는 생각이 든 적이 있나.

A. 영화 '쉬리'를 보다가 솔직히 중간에 잤다. 남파간첩들이 훈련을 받으면서 정치범을 총으로 쏘는 장면이 나온다. '에이 이건 아니다'라는 생각이 들었다. 실제 훈련받을 때도 목표물에나 쏘지 개나 돼지나 살아 있는 생명체를 이용하지 않는다. 다음에 '은밀하게 위대하게'라는 영화도 봤는데 작가나 감독이 상상력으로 만든 것이라고 본다. 재미가 없어서 요즘에도 북한 관련 영화는 보지 않는다.

Q. 현재의 삶에 만족하나.

A. 지금은 대한민국 국민으로서 평범한 삶을 살고 있다. 이제는 북한 정권의 실체를 알리는 것이 내 임무라고 생각한다. 과거의 나와 같은 길을 걷는 이들이 더는 생기지 않기를 바란다.

**2부**

# 북한에 납치된 대북공작관

## 정구왕

# "북한이
26년 전 날 납치했다"

## 전설의 블랙 요원

백발의 노신사가 찾아왔다. 서울 상암동 중앙일보 강당에서 남파간첩 출신 김동식씨의 '간첩·스파이의 세계' 토크 콘서트가 열렸던 2024년 8월 6일이었다.

그는 "제 기구한 사연을 세상에 알리고 싶다"고 했다. "누구시냐"고 물었다. "중국에서 활동한 국군 정보사령부 소속 공작관이었다"고 자신을 소개했다. "무슨 사연이 있으신가"라고 되물었다. 이런 답이 돌아왔다.

**중국 단둥(丹東)에서 흑색 요원으로 비밀공작 활동 중 북한에 납치됐**

다가 구사일생으로 살아 돌아온 이야기를 털어놓겠습니다.

기자적 충동과 관심이 생겼다. 그는 "김동식씨의 증언을 읽으면서 26년 동안 가슴에 담아온 비밀을 공개할 용기를 얻게 됐다"고 동기를 설명했다.

정보사가 어떤 곳인가. 대북 군사 정보와 첩보 수집을 담당하는 국방부 직할 부대다. 정보사 소속 공작관이던 노신사는 사업가로 신분을 위장한 블랙(흑색) 요원으로 중국에 투입돼 비밀작전을 수행한 군인이었다. 정보사-흑색 공작관-북한 피랍-생환-강제전역이란 노신사가 던진 굴곡진 삶의 궤적은 남북 분단의 참담한 현실을 적나라하게 그려냈다. 동시에 나라를 위해 몸을 던졌지만 버림받은 공작관의 운명을 관찰하도록 했다.

그 후 노신사와 수차례 만나 대면 취재를 진행했다. 그가 겪은 사납고 파란만장한 역경을 채집했고, 그가 작성한 100쪽이 넘는 비망록과 빛 바랜 사진들을 건네받았다.

노신사의 본명은 정구왕(존칭 생략). 그는 1998년 3월 13일 대한민국 대북공작 역사에서 초유의 일로 기록된 'CKW사건'의 주인공이었다. CKW사건은 북·중 접경지역인 단둥에서 블랙 요원이던 현역 중령이 실종된 뒤 북한에 납치됐다가 귀환한 사건이다. 그의 이니셜을 딴 CKW사건은 민감한 정보 세계의 명과 암, 실체와 치부가 담겨 있어 이제껏 공개해서는 안 되는 금기였다.

북한에 납치됐다가 구사일생으로 생환한 정
구왕 전 정보사 중령이 서울 숭례문을 바라보
며 당시의 사건을 회상하고 있다.ⓒ전민규

목숨을 건 숨막히는 공작의 비밀과 남북 양쪽에서 버림받게 된 불행
한 여정을 이 책에서 최초로 공개한다.

**정구왕 파일**

· 출생 : 1959년 대구
· 학력 : 한남대 행정학 학사, 국방대 안보학 석사
· 경력 : 육군3사관학교 17기(78년), 공수여단 중대장, 국군 정보사령부
  공작장교
· 공작 활동 : 블랙 요원, 북한 피랍, 탈출 및 귀환
· 주요 임무 : 북·중 접경지 동향 파악, 현지 휴민트 포섭 및 관리, 북한 장
  교 귀순 유도 등

## 대한민국 대북공작사 초유의 사건

블랙은 생사의 갈림길에서 위험한 임무를 수행한다. 업무 중 죽거나 실종되면 신분과 존재가 부정된다. 비합법적 존재이기에 인정받지 못한다. 남파간첩 김동식이 남한에서 체포됐지만 북한이 그의 존재를 인정하지 않은 것과 같다.

전대미문의 납치극은 1998년 3월 13일 금요일 오후 10시쯤 중국 랴오닝성 단둥 시내 위안바오(元寶)구 마이커(麥克)소구 2동 502호에서 시작됐다. 정구왕이 숙소 겸 사무실로 쓰던 주상복합아파트였다. 정구왕은 1년 반 전 '고려인삼세영산업 단둥지사장'으로 신분을 위장한 채 정보사 소속 블랙 요원으로 밀파됐다. 북·중 접경지에서 대북 정보 수집과 공작 수행이 임무였다. 그날 정구왕은 장세영(당시 30세)이란 중국 동포와 함께 있었다. 장세영은 1996년 10월부터 포섭에 공을 들이던 휴민트였다.

장세영은 북한과 중국 접경지에서 어선들을 조직해 북한군에 뇌물을 몰래 주고 서해에서 불법 고기잡이 사업을 하던 청년이었다. 한 달에 한 번꼴로 배를 타기 전에 정구왕의 거처에 들르곤 했다. 그럴 때마다 정구왕은 북한 해군에 건넬 뒷돈 일부를 자신의 공작금에서 빼내 대주었다.

정구왕은 정보사로부터 생활비와 사업비 명목으로 월 1만~1만 5000달러의 공작금을 받고 있었다. 한국 돈으로 당시만 해도 1000만

원이 넘는 거금이었다.

그런 대가로 장세영은 북한 해안경비대의 동향을 자세하게 전했다. 특히 장령(장성)급 해군 수뇌부가 귀순할 뜻을 비쳤다는 첩보는 공작적 가치가 컸다. 정보사 본부와 협의하며 귀순을 유도하는 작전에 착수하던 시기였다.

**형님, 그만 가볼게요.**

장세영이 자리에서 일어나 인사를 하며 문을 연 순간이었다. 문밖에 대기하던 5~6명의 괴한이 납입했다. 권총과 몽둥이를 든 괴한들과 난투극이 벌어졌다. 공수여단 등에서 특수훈련으로 단련된 정구왕이었지만 역부족이었다. 권총 손잡이로 머리통을 가격당하고 그 자리에서 정신을 잃었다.

## 현역 중령 공작관의 북한 피랍

이튿날 새벽녘, 정신이 들어 눈을 떴다. 시골 흙집 벽과 서까래에 하얀 회칠을 한 벽이 보였다. 액자에 담긴 사진 두 장이 걸려 있었다. 북한 김일성과 김정일 부자의 얼굴이었다. 두 손에는 수갑이 채워졌고, 두 무릎은 끈에 묶였다. 핏자국이 낭자한 머리와 얼굴은 수건으로 칭칭 감겨 있었다. 괴한 중 한 명이 웃으며 "너 안기부(국정원) 끄나풀이지"라고 물

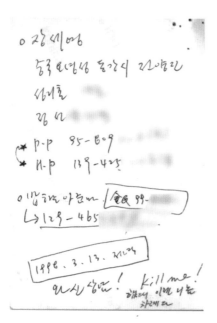
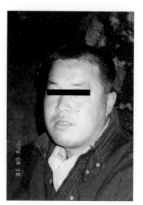

1998년 3월 북한 괴한들을 정구왕의 자택으로 이끈 장세영. 정구왕은 한국으로 돌아와 그를 잊지 않기 위해 그의 사진 뒤에 신상 정보와 '와신상담' '나를 죽였으니 이제 니놈 차례다'라는 글을 적었다. ⓒ정구왕

었다. "아니다"고 답했다. 더는 대화가 없었다.

　괴한들은 정구왕을 토요타 스포츠유틸리티차량(SUV) 트렁크에 눕혀 태웠다. 비포장도로를 5~6시간쯤 달렸다. 어디선가 주민들의 왁자지껄 떠드는 소리가 들렸다. 북한말이었다. 차 밖으로 '박천'이라고 쓴 한글 이정표가 눈에 들어왔다.

## 평양 수용소에 감금되다

북한 땅이라니…. 꿈인지 생시인지 도무지 실감이 나지 않았다. SUV는 중국 단둥에서 직선으로 110km 떨어진 평안북도 박천군을 거쳐 한참을 더 달리더니 평양 외곽에 도착했다. 수용소 같은 시설에 감금됐다. 처형, 인민재판, 숙청, 강제노동 등 불길한 상념이 어지럽게 교차했다.

매서운 눈을 가진 북한 보위부 산하 반탐(反探·대간첩 업무) 요원으로 추정되는 사람들이 취조에 나섰다. 그들이 누구인지 알 수 없었다. 자기들끼리 '과장' '부장'이라고 불렀다. 보위부는 북한의 정보·방첩 기관으로 우리의 국가정보원과 비슷한 기능을 하며, 현재는 국가보위성으로 불린다.

**이름은?**(과장)

**정병준.**(정구왕)

**허튼 수작 말고, 똑바로 말하라!**(과장)

그들은 정구왕의 정체를 이미 파악하고 있었다. 탁자 위에는 정구왕의 숙소에서 탈취해 온 그의 수첩이 놓여 있었다. 거기에는 인적 사항과 업무 내용이 담겨 있었다.

'나를 죽일 의도였다면 암살했을 것이다. 왜, 어떤 목적으로 나를 납치했을까. 줄 건 주자. 나도 알아낼 정보가 있을 것이다.' 머릿속으로 상

정구왕이 1995년 중국 옌벤대학에서 단기 중국어 연수를 받았을 당시. 북·중 접경지역에 가서 사진을 찍었다(오른쪽). ⓒ 정구왕

황을 계산한 정구왕은 실명과 소속을 실토했다.

> **정구왕이다.** (과장)
>
> **안기부** (국정원의 전신)**인가?** (과장)
>
> **정보사다.** (정구왕)
>
> **현역인가?** (과장)
>
> **육군 소령, 군번 ○○○○○○다.** (정구왕)

첫 신문 뒤 정구왕의 옷을 다 벗게 하고 죄수복으로 갈아입혔다. 사람 한 명이 겨우 누울 수 있는 닭장 같은 감방에 가뒀다. 얇은 누더기 모포를 걸친 채 험난한 운명의 시간을 예감하며 불안에 떨어야 했다.

해 질 무렵, 정구왕은 북한 군용 지프에 다시 실렸다. 전날 난투극 도

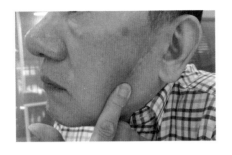

정구왕씨의 왼쪽 뺨에는 1998년 북한 괴한으로부터 피습당한 흉터가 아직도 남아 있다. 북한 인민군 병원에서 봉합 수술을 받았다. ⓒ김민상

중 입은 깊은 상처를 방치할 수 없었던 모양인지 도착한 곳은 군 병원이었다. 정구왕은 왼쪽 눈부터 입까지 찢어지고, 머리가 함몰되는 중상을 당했다. 오른쪽 어깨와 왼쪽 갈비뼈도 크게 다쳤다. 몸을 가누기 힘들 정도로 만신창이였다.

## 정보사, 진상조사 후 '사망' 결론

정구왕은 북한 인민군 병원에서 수술을 받았다. 50대로 보이는 인민군 복장의 의사는 "걱정 마시라. 잘 치료해 주겠다"고 했다. 마취에서 깨어나자 맥주병 같은 링거병이 보였다. 아직 살아 있었다.

왼팔에 마비 증상이 있어 간호사가 틈틈이 주물러줬다. 왜 이런 '친절'을 베푸는 걸까. 마사지까지 해주며 살리려는 속셈은 무엇인가. 정신적 혼란이 심해졌다.

납치 사흘째, 아침 식사로 시꺼먼 보리밥과 무생채, 삶은 무채, 뭇국과 말린 명태조림 한 토막이 나왔다. 북한 병사들이 급식을 가리켜 '무

삼형제'라고 자조한다는 얘기를 들은 적이
있는데, 그 말 그대로 밥상이 나왔다.

　한편, 비슷한 시각 서울 정보사 본부. 비
상이 걸렸다. 정구왕은 정보사가 공을 들여
구축한 대북공작망의 현지 책임자였
다. 실종된 지 일주일이 지나 진상 조사
를 위해 정보사 요원을 비밀리에 현장
에 투입했다. 정구왕의 거처에서 괴한

국군 정보사령부 부대 마크. 1990
년 창설돼 1999년 국방정보본부로
편입됐다.ⓒ정보사

의 침입 흔적이 발견됐고, 피투성이로 얼룩진 처참한 흔적만 남겨진 채
그의 수첩과 금고의 돈이 사라진 사실을 확인했다. 임무 수행 중 누군
가에 의해 납치돼 죽었다고 잠정 결론을 내고 묻어버리려 했다.


## 북한·중국 이중국적 여성 포섭 시도

　그 무렵 국내 신문에도 '단둥에서 한국 사업가 1개월째 실종'이란 기
사가 등장했다.

　"고려인삼산업주식회사의 한국인 직원 정병준씨(38 · 정구왕의 가명)
가 한 달 가까이 행방불명됐다. 주중 한국대사관 측은 정씨가 금전이나
치정 관계로 납치됐을 가능성 외에도 납북됐을 가능성도 있을 것으로
보고 중국 공안 당국에 철저한 수사를 요청했다"는 게 골자였다. "정씨

는 그동안 평양 출신의 한 화교 여성과 사귀어 왔으며 그가 실종된 후 이 화교 여성도 자취를 감춘 것으로 알려졌다"며 여성과 관련된 묘한 뉘앙스도 내비쳤다. 누군가 흘린 듯한 내용이었다.

정구왕은 설명했다. 문제의 여성은 리계향(당시 26세)이었다. 1996년 12월 단둥에서 선양(瀋陽)으로 가는 기차 안에서 그녀를 우연히 만났다. 크리스마스이브였다. 세련된 패션 감각과 반듯한 서울말로 기차 복도에 있던 정구왕에게 화장실을 먼저 쓰라며 말을 걸었다.

그녀와 대화를 나누면서 어머니가 북한, 아버지는 중국 출신이라는 점을 알게 됐다. 이중국적을 가진 덕분에 북한의 신의주와 중국의 단둥을 자유롭게 왕래했다. 그에게는 오빠 셋이 있었다. 모두 북한과 중국을 오가며 무역을 했다. 그들을 잘 포섭해 북한의 고급 정보를 캐내기로 작정하고 접근을 시도, 친분을 쌓고 있었다.

## 북한, 정보사 일거수일투족 염탐

다시 북한의 상황으로 돌아가자. 인민군 병원에 억류된 정구왕은 단둥의 소식을 전해 들었다. 북한 요원들은 단둥에 파견된 우리 정보사 요원들의 일거수일투족을 염탐하고 있었다. 보위부 반탐 요원은 "중국 공안은 북한을 의심하지 않고, 여자 문제로 보고 있다"고 했다.

납치사건이 북한이 의도한 방향으로 흘러가고 있었다. 정구왕이 포섭하려던 중국 동포 여성의 미인계가 화근으로 지목되고, 대한민국 대북공

정구왕 납치 2개월 뒤인 1998년 5월 작성된 부인의 탄원서. 정구왕은 한국에 귀국한 뒤에 이 탄원서가 가짜라는 것을 알게 됐다. 탄원서 원본에 정구왕이 의심되는 부분을 추가로 직접 적었다. ⓒ정구왕

작관에 대한 북한의 테러사건은 유야무야되는 듯싶었다.

북한의 첩보가 사실이라면, 우리 정보사는 미인계의 덫에 걸린 정구왕이 개인의 일탈과 비리 때문으로 납북된 것으로 몰아가려는 분위기였다고 할 수 있다. 자신의 오판과 실수가 사건을 만든 근본적인 원인이라고 판단하면서 쓸쓸한 심정을 어쩔 수 없었다. 북한이 이런 점을 노리고 정보사 소식을 흘렸는지 모르겠지만, 배신감이 들었다.

## 극비에 부쳐진 'CKW사건'

실제로 정보사 측은 진상 조사 후에 한국에 있던 정구왕의 부인에게 탄원서를 쓰게 했다.

평양출신 화교 여자와 함께 실종됐다는 뉴스 내용 때문에 한국에 귀국한 뒤에도 숱한 괴소문에 시달려야만 했습니다. 제 남편이 다른 여자와 관계를 가졌다 했을지라도 원망하지 않습니다. 다만 남편의 시신이라도 찾아 뼈라도 묻어주고 싶습니다. (중략) 제 남편 주변 사람들의 의견을 종합해 보면 한결같이 리계향이가 이 사건의 주범이라는 것입니다. 그 여자가 제 남편의 사무실(숙소 겸용) 바로 뒤편 아파트에 살고 있기 때문에 밤늦게 찾아올 사람은 리계향뿐입니다.

정구왕은 이 탄원서를 취재팀에게 보여줬다.

아내의 필적이 아니라 누군가의 대필이었습니다. 사건 발생 두 달 뒤인 1998년 5월 19일 작성된 것으로 꾸몄더군요. 아내가 알 수 없는, 깊숙한 현지 정보가 담긴 탄원서였지요. 여자와 돈 문제가 얽힌 개인 비리로 결론을 몰아가 정보사 본부의 지휘 책임을 면피하려는 얄팍한 술책처럼 보였습니다.

이후 정보 관계자들 사이에서도 'CKW사건'이라고 불렸다. 정보사 블랙이 임무 중 변고를 당한 사건이기에 이름이나 사건 개요를 입에 올리는 것이 금기시됐다. 정구왕이 납치된 시기에 출범한 김대중 정부는 햇볕정책을 추진하면서 사건을 극비에 부쳤다. '납치' 운운하며 북한을 자극하고 싶지 않았던 탓이었다. 블랙은 그렇게 이슬처럼 아무도 모르게 북한에서 사라질 비정한 운명에 처했다.

## 북한 탈출 위한 궁여지책…"당신들 위해 일하겠다"

정구왕은 억류가 장기화하자 북한을 탈출할 궁리를 짜냈다. 피랍 당시 스스로 숨을 끊어야 했지만 실행에 옮기지 못했다. 북한은 그를 처형하지도 전향을 강요하지도 않았다. 그는 북한 반탐 조직에 제안했다.

**나를 남한으로 돌려보내 주시라. 당신들을 위해서 일하겠소. 나도 장군으로 승진도 하고 성공하고 싶습니다. 당신들이 그런 기회를 만들어주시라.**

살아서 돌아갈 수만 있다면 못 할 게 없다는 절박한 심정이었다. '당신들을 위해서 일하겠다'는 이 한마디가 한국에 생환해서도 족쇄처럼 그를 따라다니리라고는 예상하지 못했다.

# 목숨의 대가로 제안한 '이중스파이'

## 고문 협박에도 숨긴 1가지

이중스파이. 국군 정보사 소속 대북공작관 정구왕 중령은 운명의 기로에 섰다. 1998년 3월 13일 중국 단둥에서 신분을 숨긴 채 흑색(비밀)첩보요원으로 활동하다 북한에 납치된 정구왕은 극도의 혼란에 빠졌다. 북한을 살아서 빠져나갈 방법을 모색했지만 24시간 철저히 감시당하는 처지에서 암담했다.

그렇다고 조국과 가족을 등진 반역자가 되어 북한에 눌러앉을 생각은 조금도 없었다. 이중스파이로 돌파구를 만들 수 있다고 판단했다. 가짜 변절을 제안하고, 북한이 이를 덥석 물면 가능한 절박한 도박이었다.

역용(逆用)공작. 적의 스파이를 포섭해 우리 편을 돕는 이중스파이로

만드는 활동이다. 적의 기밀을 빼내거나 역(逆)정보를 흘려 혼란시키는

데 유용하다. 북한은 정구왕을 역용공작에 활용하려는 속셈이 있는 듯

했다.

## 이중스파이와 역용공작의 거래

정구왕의 이중스파이 제안과 북한의 역용공작 투입은 서로 이해타

산이 맞는 거래였다. 정구왕으로서는 이중스파이로 위장하는 것만이 한

국으로 귀환할 수 있는 유일한 탈출구였다. 북한으로선 한국 정보기관

에 이중스파이를 심어 놓는다면 중국 내 정보사 공작원의 신상이나 북

한 내에 심어 놓은 휴민트(인간정보)를 색출할 수 있었다.

대북공작관이던 정구왕이 서울 중구 중앙일
보 사무실 근처에서 인터뷰를 하고 있는 모
습. 그의 이마 중간에 권총 손잡이로 찍힌 U자
형태 함몰 자국이 보인다. 흑백 사진으로 찍
으면 더욱 도드라져 보인다. ⓒ전민규

그래서인지 북한은 처음부터 정구왕을 납치했지만 예상치 않은 '호의'를 베풀었다. 처형은커녕 고문이나 구타 등 가혹행위조차 하지 않았다. 전향을 억지로 강요하지도 않았고, 적극적으로 세뇌하려는 시도도 없었다.

피랍 직후 정구왕은 이 같은 미끼를 던져 놓고 북한의 반응을 기다렸다. 답이 없었다. 평양 인민군 병원에서 3주간 머리와 얼굴 등에 상처 봉합 수술과 치료를 받은 뒤 평양 광복거리에 있는 어은군인병원으로 옮겨질 때도 묵묵부답이었다. 부상에서 어느 정도 회복되자 북한 보위부 산하 반탐조직의 본격적인 신문이 시작됐다.

정구왕이 포섭한 공작원과 포섭을 지원한 북한 인물 정보, 한국 군사 시설에 관한 취조가 이어졌다. 반탐 조직의 책임자는 '과장'으로 불렸다. 특수훈련으로 단련된 50대의 근육질이었다. 매일 저녁 그와 10분 정도의 취조가 계속됐다.

정신적인 고통은 더 심해졌다. "미인계의 덫에 걸린 개인의 일탈과 비리 사건으로 몰아가려는 게 남한 정보사의 분위기"라는 반탐과장의 전언을 다 믿지는 않았다. 하지만 피랍 한 달이 지나도록 자신에 대한 석방이나 구조 노력이 들려오지 않았다. 절망감과 배신감이 하루에도 몇 번씩 끓어올랐다.

창밖으로 목련에서 꽃망울이 터져 나올 때였다. '부장'이란 사람이 방문했다. 카키색 인민복 차림인 왜소한 노인이었다. "내가 65살인데, 6·25전쟁 전 38선 최전방에서 근무했다. 당시 남조선 병사들이 초소를 이탈해 '배고파 죽겠다'고 해 참 많이도 먹여 보냈다"고 했다. 금테 안경 뒤로 보이는 눈빛이 살아 있었다. 정구왕의 전향 의사를 떠보려는 듯 말을 이었다.

**당신도 남조선 사회에서 노동자 집안 출신이고, 그 사회에 적응하고 살기 위해 군에도 간 것인데 굳이 당신만 탓할 일인가? 우린 당신을 탓하지 않소. 민족 통일은 멀지 않았다. 우린 그 뜨거운 희망을 가지고 오늘의 어려움을 이겨내며 산다. 이게 우리 인민의 생각이라우. (반탐부장)**
**도와주시오. 군인으로 마지막 가는 길인 만큼 명예롭게 보내주시오. 총살로 날 처리해 주시오. (정구왕)**

대답을 하지 않은 채 "통일은 멀지 않았다. 희망을 가지고 살아가시라"며 공허한 말만 남기고 부장은 돌아갔다. 자신의 운명을 알 수 없으니 절망적인 나날이었다. 유일한 낙이 작은 앞마당을 걷는 일이었다. 그래도 살아서 고국에 돌아가야겠다는 집념은 더 강해졌다.

**세상 사람들아, 절망이란 말을 함부로 하지 말라.**

홀로 희망을 주입했다. 앞마당 산책과 북한이 준 책 읽기가 그곳에서 할 수 있는 전부였다. 1992~98년 출간된 김일성 회고록 『세기와 더불어』와 혁명 소설 등이었다. 하루는 떡이 들어왔다. 4월 15일, 김일성 주석의 생일 선물이었다. 북한은 김일성 사망 3주년인 1997년부터 이날을 '태양절'이라고 불렀다.

불교 신자인 정구왕은 기도했다.

**자비하신 부처님, 간절히 기도드립니다. 스스로 쌓은 업보에 어리석은 후회로 다시 무릎 꿇고 '살려 주십시오'라고 기도드리진 않겠습니다. 다만 내 의지대로 한 발자국이라도 나갈 수만 있다면 나갈 것이며 그때가 오면 주저함 없는 용기를 주십시오.**

정구왕(오른쪽)이 중국 현지 협조자와 함께 찍은 사진. 중국 동포인 그는 베이징대를 나와 현지 지방 도시에서 일한 관료 출신이다. ⓒ정구왕

군인병원에서 2주 정도 머무른 뒤 평양 보통강 주변의 건물로 또 이동했다. 노동당 중앙위원회가 관리하는 평양 외곽의 선물배급소였다. 북한 내부의 스파이로부터 정보 유출을 방지하기 위해 고른 것으로 보였다. 김대

집중신문을 받았던 평양 선물 배급소 위치

중(DJ) 정부 초기, 평양에는 정구왕 외에도 다양한 남한의 대북공작원들이 드나들었다고 한다.

이곳에서도 신문은 이어졌다. ①공작원 포섭 과정, 북한과 중국 내 협조자 ②북한 신의주와 중국 단둥을 오가는 운전기사 포섭 임무 추진 과정 ③구체적인 가족 관계 ④정보사와 한미합동공작팀 사무실 위치와 내부 배치도 ⑤북한에서 강원도 철원을 거쳐 서울까지 이어지는 43번 국도의 대전차 장애물과 포병대대 현황 ⑥정보사 공작여단 편제 ⑦다른 공작관 사업 ⑧초군반·고군반·육대 등 한국 군 교육제도 ⑨서울 서초구 우면산 미사일 기지 ⑩서울 시내 지하철의 방공호 역할 등에 대해 캐물었다.

운전기사 포섭과 관련된 정보사 지령은 공작 사항과 인물 관계를 실토할 수밖에 없었다. 납치 때 북한이 탈취한 자신의 수첩에 적힌 메모가 있어 부인하기 어려웠다. 그러나 "운전기사 포섭 외에 정보사의 추가 지령은 없었다"고 끊으려 했다.

## 나를 청맹과니로 아는가

잠시 침묵이 흘렀다. 반탐과장은 갑자기 얼굴을 붉히며 돌변하더니 목소리를 높이며 추궁했다.

**정 동무, 나를 청맹과니로 아는가. 그런 일반적인 임무를 갖고 굳이 단둥까지 올 이유가 없지 않은가. 우리 사회는 고문이란 게 없다.**

청맹과니는 사리 분별을 못 하는 사람이라는 의미로, 북한에서 당시 널리 통용되는 표현이었다. '고문 없는 사회'라는 말은 협조하지 않으면 고문 맛을 보여주겠다는 협박에 가까웠다. 정구왕과 반탐과장 사이에 수싸움이 계속됐다.

**정보 조직에서 차단의 원칙은 기본이지 않은가.** (정구왕)

'차단의 원칙'이란 보안을 유지하기 위해 조직 내 다른 부서의 업무를 비밀로 하는 정보기관의 원칙이다. 옆 사람

정구왕이 1996년 10월 중국 단둥에 고려인삼세영산업 지사장 신분으로 위장해 파견될 당시 여권 사본. 부인 외사촌 오빠의 명의를 빌렸다. 자영업을 하고 있어서 사고가 나도 무난하다고 판단했기 때문이다. ⓒ정구왕

또는 옆 부서에서 무슨 일을 하는지 서로 차단해 모르게 하는 것이다. 공작원이 임무 중 사고나 불상사를 당할 경우 다른 공작원의 신원이나 정보가 누설되는 것을 방지하기 위한 조치다. 정구왕은 차단의 원칙을 핑계로 최대한 정보 유출을 피하려 했다.

빼앗긴 수첩에 기재된 중국 내 협조자 10명의 이름은 가명이라고 둘러댔다. 사실은 본명이었다. 본명이라고 말해도 믿지 않을 것이라는 점을 이용했다. 추가 신문에 대비해 그들의 가명과 본명을 외우고 또 외웠다. 43번 국도 정보와 관련해서는 북한에서 이미 상당한 정보를 파악하고 있었다. 서울 서초구 우면산 미사일 기지에 대해선 "가본 적이 없어 모른다"고 했다.

사실 정구왕은 정보사 본부의 큰 그림을 대강 알고 있었다. 1994년부터 중국 파견을 준비한 정구왕은 선후배 공작관이 잠깐 들러 식사나 차를 마신 뒤 그들이 했던 말을 조각조각 맞춰 짐작했다. 두만강 위 중국 지린성 훈춘(琿春)부터 압록강 서쪽 끝 랴오닝성 다롄(大連)까지 주요 거점에 현지 인력을 휴민트로 포섭한 뒤 공작원으로 양성해 북한 후방에서 침투하는 계획으로 보였다. 정구왕은 이 부분에 대해선 입을 꾹 다물었다.

하루는 사진사가 찾아왔다. 정구왕의 전신과 좌우, 측면 모습을 모두 찍었다. '북한이 망하지 않는 한 북한 정부에 내 기록이 공화국의 범법자로 남아 있을 것이다'라는 씁쓸함이 스쳐갔다. 5월 하순, 반탐과장이 오더니 "가볼 만한 곳에 관광을 계획하고 있으니 머리도 깎고 양복 채

촌(探寸·몸 치수 측정)도 하라"고 했다. 체제 선전을 통해 자발적인 전향을 유도하려는 의도인 듯했다.

6월부터 평양도 더워지기 시작했다. 김일성 생가와 만경대, 평양체육관 등을 방문할 때는 낮 시간에도 눈가리개를 씌우지 않았다. 오래된 구형 벤츠 두 대로 이동했다. 재일본조선인총연합회(조총련) 단체 관광과 동선이 겹칠 때에는 신분 노출이 되지 않게 신경을 쓰는 것 같았다. 북한 주민들의 일상생활을 간간이 접하면서 이들도 춤과 가무를 즐기는 모습을 봤다. 척박해 보이는 환경에서도 판만 만들어지면 노래하고 어깨를 들썩였다. 숨길 수 없는 우리 민족의 DNA였다.

혁명사적지라고 불리는 관광코스에서는 30~40대 여성으로 보이는 강사가 나와 녹음기를 튼 것처럼 유적을 설명했다. 겉모습은 깔끔했지만 자세히 보면 가난이 배어 나왔다. 화장품이 피부에 잘 스며들지 않아 각질처럼 일어났다. 얼굴은 기름기가 없어 건조했다. 대부분 사람들이 그런 모습이었다. 북한에서 당 간부를 구별하기는 너무 쉬웠다. 배가 나오고 얼굴 혈색이 좋으면 당 간부가 확실하다. 여자도 비슷하다. 북한의 다양한 민낯을 볼 수 있는 관광이었다.

## "남조선 혁명가이신가"

북한 조국해방전쟁승리기념관에서는 장령 계급의 군복을 입은 노(老)강사가 한국전쟁 당시 성과를 설명했다. 강사는 정구왕에게 "남조

2023년 7월 정전협정 체결일을 맞아 북한 노동신문이 평양 조국해방전쟁승리기념관 내부를 소개한 모습. 왼쪽이 노병 강사다. 이 기념관에서 노병 강사로 지냈던 강태무 는 1949년 국군 대대를 이끌고 월북해 인민군 부사단장을 지냈으며, 뒤에 조국해방전 쟁승리기념관 강사와 최고인민회의 대의원으로 활동했다. 강씨와 함께 월북한 표무 원 소령도 같은 기념관 강사를 지냈다. 정구왕이 1998년 북한에 납치된 뒤 이 기념관에 방문했을 당시 한 노병 강사가 "남조선 혁명가이십니까"라고 물었다고 한다. 강씨는 2007년, 표씨는 2006년 사망했다. ⓒ 북한 노동신문

선 혁명가이신가"라고 물었다. 그는 말없이 고개만 끄덕였다. '혁명가' 는 '공작원'의 북한식 호칭이다.

정구왕은 6·25 전쟁 당시 우리 육군 대대장이 부대원을 이끌고 월북 해 북한에서 영웅 칭호를 받았다는 치욕스러운 역사를 군에서 배운 기 억이 났다. 기념관에서 강사로 지낸다는 말도 들었다. 정구왕에게 말을 건 강사가 바로 그 장교처럼 보였다. 강사의 눈빛에 지난 세월의 애수가 잔뜩 묻어 있었다. 남쪽 고향에 대한 애틋한 그리움이 아닐까 싶었다.

주체사상탑과 평양 개선문, 김일성경기장과 묘향산에도 갔다. 주체

사상탑 앞에 외국인 관광객을 위한 자판기가 보였다. 반탐과장은 거기서 캔커피 한 개를 뽑아 줬다. 3개월 만에 맛본 커피 때문에 하루종일 속이 쓰렸다. 묘향산 입구 전시관에는 외국 수반들에게 받은 선물들이 연대별로 진열돼 있었다. 독재 국가의 권력자에게 집중되는 온갖 진귀한 물품이 눈에 띄었다. 묘향산에 천년고찰 보현사가 있었다. 반탐과장은 "불교 신자 아닌가, 법당에 들어가서 절하라"고 말했다.

지방으로도 관광을 갔다. 황해북도 신천에 있는 유명 고찰이었다. 정구왕은 사찰 이름은 기억하지 못했다. 북한의 5대 명산으로 불리는 구월산 자락에 있는 절로 보인다. 평양과는 약 80km 떨어진 곳이다. 절주변에는 한국전쟁 당시 미군에 피해를 받은 물품도 전시해 놨다. 사찰 경내를 둘러 보고 시원한 그늘 아래에서 점심을 먹었다. 젊은 남자 강사 둘과 여자 강사 둘도 함께 했다. 도시락과 함께 러시아산 삶은 킹크랩 박스도 나왔다. 한 남자 강사가 "밥이야 늘 먹으니 오늘은 킹크랩만 먹겠소"라고 호기를 부렸던 장면이 아직도 생생하다. 분위기를 돋우는 말이었겠지만 정구왕에게는 씁쓸하게 들렸다.

오후 시간이 무료하면 선물배급소 옆 보통강 인근을 산책했다. 나무 그늘 아래에서 장기를 두고 그 주변에서 훈수를 두는 사람들도 보였다. 대부분 나이가 들어 보였다. 수양버들 꽃가루가 눈송이처럼 흩날렸다. 낚시꾼이 잡아 올리는 붕어는 씨알이 꽤 컸다. 손바닥만 한 붕어가 꼬리를 치며 올라오면 은빛 비늘이 보였다. 반탐과장에 부탁해서 과일 행상을 하는 아주머니에게서 사과와 자두를 샀다. 북한에서는 자두를 추

1997년 9월 평안북도 묘향산 보현사에서 북한 단체 관광객들이 절을 둘러보고 있다.
ⓒ중앙포토

리라고 부른다.

1998년 8월 31일 북한은 3단식 미사일인 대포동 1호를 발사했다. 정구왕이 현지에서 접한 북한 분위기는 상당히 고무돼 있었다. 반탐과장은 "이걸(미사일) 가졌으니 미국이 이제 우릴 어찌하지 못할 것"이라고 말했다. 훗날 서울에 돌아와서 보니, 당시 한·미·일 정보기관은 로켓이 궤도 진입에 실패해 대기 중에서 타버려 실패한 것으로 파악했다. 그러나 바깥세상과 동떨어진 삶을 사는 북한 주민은 미사일 성공을 굳게 믿을 수밖에 없었다.

**정 동무를 보내주면 우리를 위해서 일할 수 있겠는가? 어떻게 탈출해서 서울로 돌아갈 것인지 스스로 구상해 보시라.**

# 중앙일보

## 북, 미사일 발사… 일 상공통과

### 태평양에 떨어져 사정거리 2,200km '대포동 1호'

**일 충격 - 북 · 일관계 급속 냉각될듯**
**경수로 비용분담 결의안 서명거부**

## 금융구조조정 50조 연내 지원

### 金재경 은행 'BIS기준' 모두 맞춰주기로

**대출금리 인하 유도 · 세금감면 대폭도 검토**

■ 신 진주처럼 빛난 우승

## 한나라당 총재 이회창씨

### 55.7% 득표 힘있는 야당 · 새정치 강조

**金대통령 - 李총재**
**10일 이전 영수회담**

북한이 3단계 미사일인 대포동 1호를 발사했다는 소식을 다룬 1998년 9월 1일 중앙일보 1면 기사.ⓒ중앙포토

　더위가 차츰 꺾인 9월 초, 반탐과장이 불쑥 던졌다. 그날 밤 정구왕은 한시도 눈을 붙이지 못했다. '자칫 적이 파놓은 함정에 걸릴 수 있다. 탈출 계획을 먼저 제시하지 말고 저들이 내놓는 제안을 기다려 보고 따라가자'고 다짐했다.

　그로부터 한 달 뒤쯤 정구왕의 예상대로 반탐과장이 탈출 계획안을 제시했다. 정확한 일시나 장소는 알려주지 않았다.

**북 · 중 국경 지대에 '단련대'라는 임시 수용소가 몇 군데 있소. 국경 넘는 자들을 잡아 노역을 시키는 곳인데 관리도 허술하오. 거기서 탈출했다는 식으로 꾸밉시다.**

2부_ 북한에 납치된 대북공작관 정구왕　193

추석이 지난 10월 어느 날. 피습당할 때 입었던 옷이 정구왕에게 돌아왔다. 가죽 잠바를 물로 세탁했는지 장판처럼 딱딱하게 굳었다. 피가 묻은 곳에는 시커먼 얼룩 자국이 생겼다. "들어올 때 입었던 복장 그대로 나간다"고 했다.

## 김정일 향한 충성 편지 요구

불안해졌다. 시간이 느리게 흘렀다. 이번 기회를 놓치면 북한에 평생을 잡혀 있을 것 같았다. 반탐과장은 "큰일을 앞두고 김정일 장군께 충성의 편지를 쓰라"고 강요했다. 8개월 동안 억지로 읽은 북한 혁명 서적이 도움이 됐다. 그곳에 담긴 멋진 문구들을 짜깁기해 구구절절 편지를 작성해 제출했다. 정구왕의 회고다.

**자필로 두 쪽 분량으로 썼지요. 그동안 읽은 혁명 서적을 참고했습니다. 김일성 부자에 대한 일반적인 찬양 내용이었습니다. '위대한 지도자 동지 김정일 장군'으로 시작하는 틀이 있습니다. '공화국에 나쁜 짓 한 용서받지 못할 자를 광폭정치의 넓으신 믿음으로' '통일 조국의 혁명 역량이 되어'라는 문구를 집어 넣었던 게 기억납니다.**

늙은 반탐부장이 다시 찾아왔다. 두 번째 만남이었다. 알코올 도수가 높은 도토리술이 나왔다. 밤 10시까지 3~4시간 정도 얘기를 나눴다. 그

의 마지막 말이 생생했다. "자넨 참 운이 좋은 사람일세"라고 했는데, 구
사일생의 기회를 잡았다는 점에서 틀리지 않았다.

## 피랍과 억류 220일 만에 귀환 길 올라

그 이튿날인 10월 18일은 일요일. 아침상을 치우러 온 여직원에게
"그동안 고마웠다"고 인사를 하니 "건강하시라"고 답했다. 그날 정구왕
은 평양 순안공항에서 러시아제 화물기에 몸을 실었다. 피랍과 억류
220일 만에 고국으로 귀환 길에 오른 것이다.

공작의 세계는 차갑다. 블랙 비밀 공작원은 포로로 붙잡혔을 때 본국
에서조차 그의 실체와 임무를 인정하지 않는다. 억울하게 총살을 당해
도 소리 없이 사라질 뿐이다. 적진에 잡히면 혼자 힘으로 살아 나와야
한다. 설사 살아남는다 해도 공작관으로서의 삶은 끝난다. 이중스파이
의 굴레가 평생을 뒤따른다.

오해와 누명이라고 애타게 호소해도 믿어주는 사람은 없다. 아군도
적군도 부정하는 회색인이 되기 십상이다. 정구왕에게도 그런 고난이
기다리고 있었다.

# 정주영 소떼 방북과 북한판 가짜뉴스

정구왕이 1998년 3월 13일부터 10월 19일까지 7개월여간 평양에 억류됐을 당시 '교화'를 목적으로 북한 지역을 둘러볼 기회가 있었다. 이 일정 중 정구왕은 북한 정권이 주민을 상대로 남한을 적으로 몰아붙이며 잘못된 정보와 가짜뉴스를 만들어 선동하는 걸 종종 목격했다.

그해 6월 16일, 83세의 정주영 명예회장(1915~2001)은 500마리의 소떼를 이끌고 판문점 군사분계선을 넘어 북한에 8일간 머물다 돌아왔다. 정 명예회장은 10월 말 소 501마리와 함께 2차 방북했다. 모두 1001두가 북한에 인도됐다. 원래는 1000두였으나 정 명예회장이 '0'(零)은 끝자리이니 하나를 보태 새로 시작한다는 의미에서 1001두로 했다. 당시 금액으로 8억 7000만원 상당이었다.

당시 '병들어 폐사된 소가 태반이다' '소 내장에서 밧줄 묶음이 나왔다'는 흉흉한 소문이 들렸다. 열악한 현지 동물 병원 수

고 정주영 현대그룹 명예회장이 1988년 10월 소떼를 몰고 북한으로 향하는
장면.ⓒ중앙포토

1998년 10월 30일 2차 소떼 방북 기간 중 평양 백화원초대소에서 북한 김정
일(왼쪽)을 만난 정주영 현대그룹 명예회장(가운데)과 정몽헌 현대그룹 공동
회장에 함께 찍은 기념 사진.ⓒ중앙포토

고 정주영 현대그룹 명예회장 일행이 1998년 6월 북한 통천의 고향집에서 친척들과 저녁 식사를 하고 있는 모습. 가운데 벽에 김일성 부자 사진이 보인다. ⓒ중앙포토

준과 시설로 소들이 병사했음에도 북한은 남한에 대해 우호적인 여론이 형성되지 않도록 머리를 쥐어 짜내는 것 같았다. 정명예회장과 김정일 국방위원장은 금강산 개발 사업, 유전 공동 개발, 체육 교류, 경제 협력 사업 등에 합의했다. 그해 11월 18일에는 동해항에서 1475명을 태운 현대금강호가 역사적인 뱃고동을 울리며 출항했다. 남한의 일반 관광객이 북한 땅을 밟기는 역사상 처음이었다. 김대중 대통령은 당시 "소떼 방북은 내가

그토록 바라던 남북 교류의 물꼬를 터준 사건이었다"고 말했다. "행인의 외투를 벗기기 위해서는 강력한 바람보다 햇볕이 효과적"이라는 '햇볕정책'의 첫 물꼬가 그렇게 텄다.

정구왕에 따르면, 북·중 국경 지대에서 중국산 담배가 폭발해 주민이 희생된 사고, 열차가 전복된 사고도 모두 남한의 안전기획부(안기부, 현 국정원)가 조작한 사건이라고 선전했다. 실제로는 중국 영세 업자들이 가짜 담배를 만들어 북한에 밀수로 판 불량 제품이라 폭발했을 가능성이 컸다. 열차 사고도 사실 현지 주민들이 생계를 위해 철도 궤도 고정용 못을 뽑아서 고철로 팔아먹었기 때문에 발생했을 수 있다. 남한에서 바람을 타고 올라온 고무풍선을 만졌다가 손이 썩었다는 괴담도 퍼졌다. 대북 전단이 든 풍선에는 손도 대지 말라는 교육과 함께 남한 사회에 대한 동경을 품지 못하도록 주민 학습을 강화하려고 정권 차원에서 괴담을 지어낸 것으로 정구왕은 추측한다.

# 위조여권과 평양 탈출극

## 정구왕 풀어준 북한의 속셈

**오늘 나간다. 준비하시라.**

1998년 10월 18일 일요일 오전. 북한 보위부 소속 반탐과장은 건조한 말투로 툭 던졌다. 아무런 설명도 없었다. 밥과 된장국, 양배추로 만든 겉절이로 아침 식사를 마친 직후였다. 국군 정보사 소속 대북공작관 정구왕 중령은 귀를 의심했다. 그해 3월 중국 단둥 자신의 거처에서 북한의 정보기관 요원으로 추정되는 괴한들에게 납치돼 평양으로 끌려와 8개월째 억류된 상태였다. "나간다"는 말은 '북한을 떠나 중국을 거쳐 한국으로 돌아간다'는 뜻이었다.

1990년대 초반 서울 모처에서 사격 훈련을 하는 정구왕 당시 정보사 소령. ⓒ정구왕

귀환, 믿어지지 않았다. 피랍된 이후 북한에서 처형 당하거나, 강제노동 수용소에 끌려가거나, 이도 저도 아니면 무기력한 전향자로 여생을 마칠 것이라며 자포자기한 상태였다. 뜻밖의 통보에 숨이 멈출 정도의 설렘과 불안감이 교차했다. 살아서 고국에 돌아갈 수 있다는 희망과 혹시라도 일이 틀어질 수 있다는 불확실성이 정구왕을 혼란스럽게 했다.

간밤의 꿈이 떠올랐다. 아내가 아이들과 그네를 타며 정구왕을 보고 환하게 웃었다. 벌떡 깼다. 사무치도록 그리웠다. 잠을 청했지만 돌아가신 어머니와 할머니가 또 꿈에 나타났다. 하얀 한복을 입고 미소를 지으며 "야, 이제 그만 가자"고 했다. 어둠 속에 깨어나 한참을 울었다. 꿈이 현실이 되려는 것인가.

북한에서 맞춰 준 양복을 입고 채비를 차리라고 했다. 평양 유적지

답사 때 "머리도 깎고 양복 채촌(採寸·몸 치수 측정)도 하라"며 마련해 준 옷이었다. 반탐과장과 정구왕 납치에 직접 가담했던 북한 요원 한 명 등 3명이 호송에 동행했다.

북한에 납치된 정구왕의 귀환 경로

반탐과장은 피랍된 정구왕을 매일 신문하면서 가장 많은 시간을 보낸 인물이다. 그의 얼굴만 알고 이름도, 나이도, 고향도 전혀 모른다. 자신이 "반탐과장"이라고 해서 그렇게 알 뿐이었다.

정구왕을 포함한 4명이 탄 승용차는 평양 순안공항에 도착했다. 러시아제 일류신(ILYUSHIN) 중형 수송기가 활주로에 대기했다. 비행기 안은 조종실 뒤로 의자 몇 개가 있었고, 옆으로 늘어진 의자도 한 줄로 길게 설치돼 있었다. 화물칸에는 토요타 승용차 4대가 실려 있었다. 반탐과장은 조종실로 들어갔고, 다른 두 명은 승용차 운전석에 앉았다.

## 귀환 첫날…평양→삼지연→어랑→회령

정구왕 일행이 탄 수송기는 평양을 이륙해 380km 정도를 날아 백두산 인근의 양강도 삼지연공항에 착륙, 그곳에서 목재를 싣고 다시 110km를 비행해 함경북도 어랑비행장에 내린다. 여기서 정구왕 일행은 승용차로 110km를 더 이동해 함경북도 회령에 도착하는 계획이었다. 평양-삼지연-어랑-회령까지 총 600km를 하늘길과 땅 길을 강행하는 일정이다.

반탐과장은 "차로는 함경북도 회령 국경지대까지 이동하려면 며칠이 걸리는데 이렇게 비행기를 타야지 늦은 저녁 시간까지 하루에 갈 수 있다"라고 말했다. 당시 북한의 도로 사정을 생각해 보니 수긍이 갔다. 백두산과 가까운 삼지연에 도착하니 날씨가 초겨울이었다. 아파트 크기만한 침엽수가 큰 숲을 이루고 있었다.

이런 강행군은 정구왕의 위장 탈출 시나리오를 짠 반탐조직의 기획에 따른 것이다. 앞서 반탐과장은 "(남한에) 보내주면 우리를 위해서 일할 수 있겠는가"라고 물은 뒤 "북·중 국경지대에 설치된 '로동단련대'를 도망치는 것으로 각본을 짜보자"고 제시했다. 로동단련대는 단순 국경 월경자들을 잡아 일정 기간 노역을 시키는 수용소인데, 감시가 느슨하다고 했다. 정구왕을 역용공작, 즉 이중스파이로 활용하려는 목적으로 위장 탈주극을 조작해 대한민국에 귀환하도록 조치하겠다는 북한 반탐조직의 얄팍한 속셈이었다.

점심때쯤 도착한 삼지연공항은 시골 간이역의 풍경이었다. 백두산의 영향인지 초겨울의 날씨가 매서웠다. 일꾼들이 목재 적재를 마치고 다시 이륙해 어랑비행장(청진공항)으로 향했다. 어랑비행장 활주로에는 옛 소련제 미그 전투기 10여 대가 펼쳐져 있었다.

어랑비행장에서 내려 승용차로 갈아타고 회령으로 향했다. 비포장도로라 속도를 낼 수 없었다. 산악지대에서 옆으로 지나가던 목탄차가 눈

1996년 5월 귀순한 이철수 대위가 몰고 온 북한 미그-19. ⓒ중앙포토

에 떠었다. 나무나 석탄을 원료로 움직이는 목탄차는 북한에서 수해로 철도 운행에 차질이 빚어지거나 러시아에서 받는 원유량이 크게 줄면 사용된다.

## 북한에서 최후 만찬은 돼지고기 두루치기

어둠이 짙게 드리운 시각, 회령에 도착했다. 회령은 두만강을 경계로 중국 옌벤(延邊) 조선족자치주 룽징(龍井)시 싼허(三合)와 마주 보고 있다. 중국으로 가는 교통의 요지다. 국경에 가깝고 인구가 비교적 많아 한때 탈북 루트로 통하던 도시였다.

보위부 반탐조직이 운영하는 안가(안전가옥)인 듯한 건물로 들어갔다. 돼지고기로 만든 두루치기 같은 음식으로 허기진 배를 채웠다. 북한에서 맛본 최후의 만찬이었다. 온돌방에 누우니 몸과 마음이 지친 탓인지 곧바로 잠에 빠졌다.

## 10월 19일 월요일, 귀환 시도 둘째 날

정구왕과 반탐과장 일행이 탄 승용차가 회령 국경검문소(출입국관리사무소) 바리케이드 앞에 멈췄다. 차 안에서 중국의 입국 허가가 떨어지길 기다렸다. 불안·초조·긴장 등 온갖 상념이 머리와 가슴속에서 요동쳤다.

**관세음보살!**

불교 신자인 정구왕은 마음속으로 염불을 외우며 부처님의 자비를 애타게 구했다. 만에 하나라도 귀환 계획을 취소하거나 연기해 평양으로 복귀하라는 불상사가 없기를 간절히 소망했다.

검문소 직원이 차로 오더니 "전화가 왔다"고 전했다. 전화를 받으러 나간 반탐과장이 돌아오자 차가 움직이기 시작했다. 차에서 초조함 속에 대기한 한 시간은 정구왕의 인생에서 가장 길게 느껴졌다.

북한 여권 표지와 내부 이미지.ⓒ위키피디아

**조선민주주의인민공화국 려권**

**이름:김혁철**

반탐과장이 정구왕에게 건넨 위조된 여권의 표지에는 북한의 국가명이 찍혀 있었다. 김혁철은 당연히 가명이었고, 여권 사진은 정구왕이 양복 차림으로 평양에서 찍었던 모습이 붙어 있었다. 정구왕은 중국에서 블랙 요원으로 활동하면서 여권 3개를 썼다. 이 가짜 북한 여권까지 합하면 모두 4개를 쓰는 셈이다. "참 기구한 삶을 사는구나"라고 속으로 읊조렸다.

## 위조 여권으로 중국 국경 넘다

승용차는 두만강을 가로지르는 왕복 2차로의 난간 없는 다리를 건넜

중국 옌볜에 있는 윤동주 시인 생가의 안내판. ⓒ중앙포토

다. 육중한 군 전차가 지나가기에는 무리가 있을 것 같은 낡고 허름한 교량이었다. 200m 길이 다리를 지나니 중국 출입국관리사무소에 도착했다. 위조 여권을 제출했다. 입국 허가가 떨어졌다.

승용차는 두만강을 건너 룽징 싼허를 거쳐 옌지(延吉)로 향했다. 룽징에 있는 윤동주 시인 생가의 이정표가 차창 밖으로 스쳐 지나갔다. 화려한 옷을 입은 젊은 남녀가 길을 건너는 모습이 보였다. 8개월 만에 보는 장면에 "이게 자유구나"는 생각에 가슴이 뭉클했다.

승용차는 옌지 시내의 한 아파트 단지로 들어섰다. 중국에 사는 북한 교포의 집인데 안가로 쓰이는 듯했다. 북한 국적의 중국 동포를 현지에선 '조교(朝僑ㆍ차오차오)'라고 부른다. '조선 교포'의 줄임말이다. 그곳에서 점심을 먹으면서 반탐과장이 지시를 내렸다.

**국경 탈출 계획**(회령 단련대에 잡혔다가 탈출하는 시나리오)**대로 옌지까지 왔소. 이제 위장 탈출이 탄로나지 않도록 알리바이를 꾸밉시다.**

반탐과장은 정구왕에게 스스로 여비를 구해 선양으로 이동한 뒤 한국 정보사와 접선함으로써 정구왕이 북한을 제 발로 도망쳤다는 상황을 연출하도록 했다. 그래야 한국에 귀국해 수사기관의 조사에서 의심을 안 받지 않겠냐는 계산이었지만 엉성한 구석도 있었다.

## 어학 연수했던 옌볜 하숙집

정구왕은 1995년 6~8월 옌지에 있는 옌볜대학에서 중국어 연수를 했다. 그 인연을 활용해 여비를 구할 수 있을지 모른다는 생각이 떠올랐다. 오후 8시 옌볜대 서문에 있는 하숙집으로 갔다. 하숙집 주인은 옌볜대 교수였다. 교수는 중국 문화대혁명 얼마 뒤 세상을 떠났고, 집은 그의 부인과 자식들이 지키고 있었다. 어학연수를 주선해준 한국 기업인이 소개해준 곳이다.

초인종을 누르니 교수의 딸 심추가 나왔다. 정구왕의 얼굴을 기억했다. 대학생이 된 심추는 "어머니는 한국으로 돈 벌러 가셨다. 이 집은 오빠네 부부가 들어와서 산다"고 했다. 용기를 내 방문 목적을 털어놓았다.

**사업차 옌볜에 왔는데 사기를 당해 한국으로 돌아갈 돈이 없어서 그**

중국 옌지 류경호텔의 2018년 모습. 내부에는 북한식 평양냉면 식당이 있었다. 북한 노래 공연이 펼쳐지기도 했다. 과거 북한 국가안전보위부의 동북아 핵심 거점지로 활용됐다고 한다. ⓒ구글맵

러는데, 여비를 빌려주면 서울에 돌아가 꼭 갚을게요.

사정이 여의치 않아 많이 도와줄 수 없어 미안합니다.

심추는 인민폐 5위안(당시 약 500원)을 건넸다. 베이징 재래시장에서 아침용 콩물과 빵 한 조각이 8위안 할 때였다. 자존심이 상하고 참담했다. 승용차에서 기다리던 반탐과장에게 돌아와 "일이 잘 안 풀렸다"고 말하고, 다른 사람을 찾아보겠다고 했다.

## 10월 20일 화요일, 귀환 시도 사흘째

북한 인사들이 자주 드나드는 옌지의 류경호텔로 갔다. 당시 한국 관광객이나 사업가들은 백산호텔이나 새로 생긴 대우호텔을 많이 이용했다.

반탐과장은 습격 당시 단둥 숙소에서 탈취한 수첩을 정구왕에게 돌려줬다. "수첩에 적힌 연락처를 활용해 옌지에서 여비를 조달한 지인을 찾아 알리바이를 만들고, 서울 정보사 본부에 연락을 해보라"고 했다. 정보사 본부 사무실 전화번호는 보안상 수시로 바꾼다. 정구왕이 북한에 피랍된 8개월 동안 바뀌었을 가능성이 컸다.

## 8개월 만에 서울 정보사 본부에 전화

류경호텔 1층 국제전화 부스에서 수첩에 적힌 정보사 후배 H의 서울 집으로 전화를 걸었다. 후배 부인이 전화를 받았다.

**안녕하십니까. 정(구왕) 부장입니다. H 부장의 정보사 사무실 전화 번호를 알려 줄 수 있나요?**

후배 부인은 정구왕의 피랍 사건에 대해 아는 것이 없는지 전화번호를 순순히 불러줬다.
정보사 본부 사무실에 전화를 걸었다. H 부장 대신 여직원이 받았다.

**중국에 있는 정(구왕) 부장입니다. (주무) 과장님 연결해 주세요.**

기업인으로 위장할 일이 많은 정보사에서는 부장과 과장 직책을 쓴

다. 당시에는 현장에서 뛰는 중령이나 소령급 공작관은 부장이라는 위장 직책명을 썼다. 과장은 정보사 내 실제 직책명이다. 혼용해서 쓰는 직책명은 외부에서 보기에 헷갈리게 하는 효과가 있다.

익숙했던 주무과장의 목소리가 수화기 너머로 들렸다. 당황한 듯한 기색이 전해졌다. 그럴 만도 했다. 기절초풍하고 혼비백산할 일이었다. 그들에게 정구왕은 이미 비명횡사한 사람이었다. 심지어 장례 절차까지 논의하던 터였다.

**여기는 연길(옌지)인데요. 모레 정도에 나를 심양(선양)에서 인도해 주십시오.(정구왕)**
**심양에 도착해서 다시 전화를 주면 조치 사항을 알려 주겠네.(주무 과장)**

정구왕은 "당시 서울 본부 직원들이 순간 '꽝' 하는 충격을 받았을 것이다. 내 피습사건을 개인 부주의에 의한 실종사로 처리하고 가족들과 장례 절차를 상의하고 있던 때였다"고 회상했다.

이번엔 집으로 전화를 걸었다. 아무도 전화를 받지 않았다. 큰처남 집에 연락해봤다. 처남댁이 받았다. 처남댁의 놀란 표정이 수화기 너머로도 그려졌다. "서울 집에 다시 전화하겠다"고 한 뒤 끊었다.

여비를 마련해 줄 제2의 인물을 찾아야 했다. 정구왕이 공작원으로 포섭했던 중국 동포 홍영춘(당시 43세)이 떠올랐다. 홍영춘의 지인으로 옌지에서 달러 환전상을 하는 고리대금업 여성에게 전화했다.

**정 부장입니다. 저 기억하시죠?**(정구왕)
**네, 기억하지요.**(여성)
**저녁에 잠깐 볼 수 있으면 좋겠네요. 용건은 만나서 말씀드릴게요.**
**(정구왕)**

저녁에 만나 사정을 애기하니 그녀의 표정이 돌변했다.

**난 그런 사정 봐주는 사람 아닙니다. 이만 가봐야겠어요.**

그녀가 곧바로 자리를 떴다. 사람 인심이라는 게 그렇다. 난감했다.
화장실 변기에 앉아 한참을 고민했다. '여비를 못 구하면 탈출 계획이
틀어지는 것은 아닐까' 불안했다. 거짓말을 지어내기로 했다.
　화장실을 나와 반탐과장에게 '그녀가 인민폐 100위안(약 1만 원)을 줄
테니 더 구해서 서울로 잘 돌아가라고 했다'며 둘러댔다. 당시 65위안
이면 단둥에서 선양까지 딱딱한 의자가 있는 열차 칸을 탈 수 있었다.
침대칸은 120위안 할 때였다. 반탐과장은 별 의심 없이 "수고했다. 내
일 선양으로 출발하자"고 했다. 돈의 액수보다 여비를 구했다는 알리바
이만 만들면 된다고 판단한 것 같았다.

## 10월 21일 수요일, 귀환 시도 나흘째

아침에 미국산 지프를 타고 옌지에서 선양으로 떠났다. 옌지에서 선양까지 차로는 520km 정도의 먼 여정이었다. 그날 저녁 선양의 북한 안가에 도착했다. 반탐과장은 "여기가 선양의 접선 장소"라고 했다.

반탐과장은 옌지에서도 한국인이 운영하는 사우나 주변의 우체국 옆 아파트를 접선 장소로 특정해줬었다. 향후 한국에서 역용공작 임무를 수행하다 중국에 들어오면 옌지와 선양의 두 곳에서 비밀리에 접촉하자는 의미였다.

정구왕은 설명했다.

**실제로 나를 역공작에 투입하려 했다면 중요한 접선 장소였을 텐데 자세한 설명도 없이 차로 지나가다가 '여기가 어디다' 정도만 안내해 의아했지요. 한국에 돌아와 수사를 받을 때 수사기관에 '역용공작을 위한 구체적인 임무가 추가로 있을 것'이라는 의심을 주려는 포석이 아니었겠느냐는 생각이 들었습니다.**

그날 밤은 호텔로 이동해 잠을 잤다. 트윈 룸이었다. 방에는 반탐과장과 정구왕 둘뿐이었다. 정구왕은 '이자와 인연도 오늘이 마지막이구나'고 생각했다. 미운 정 고운 정 다 들었다. 그날 밤 둘은 서로 말은 없었지만 지난 일을 함께 떠올렸을 것이다.

## 10월 22일 목요일, 귀환 시도 닷새째

피습 당한 날 입었던 옷을 돌려받고 양복을 반납했다. 피 묻은 자국이 검게 변한 가죽 점퍼였다. 호텔 1층 커피숍으로 갔다. 카페 테이블에는 세 사람이 앉았다. 나와 반탐과장, 그리고 피습 당시 총신이 긴 권총을 들고 정구왕을 덮친 괴한(북한 측 요원)이었다.

**그만 가시라.**

반탐과장이 짧게 말했다. 속박을 벗어나는 해방의 단어는 간결했다. 그게 마지막 대화였다. 서로 어색한 눈빛 인사와 묵례를 나눴다. 왜 정구왕을 놓아주는지 이유를 대지 않았다. 서울에 돌아가서 뭘 하라는 임무나 지시도 없었다.

정구왕은 호텔 문을 서둘러 나섰다. 호텔 커피숍 쪽을 한 번 쳐다본 뒤 택시에 몸을 실었다.

**워시앙취 요우딘빙관(我想去OO賓館, OO호텔로 가주세요).**

중국어가 무의식적으로 입에서 튀어나왔다.

정구왕은 북한의 손아귀에서 벗어난 해방감에 안도하면서도 어지러웠다. 북한은 정구왕에게 고문도, 육체적 고통도 가하지 않았다. 신문 과정에서 반탐과장이 "나를 청맹과니로 아는가"라며 딱 한 번 소리친 게 전부였다. 국경을 넘어 중국에서 그들과 함께 움직이는 동안에도 어설픈 알리바이를 짜는 게 고작이었다. 그들의 호의와 빈틈은 의도된 것이었을까. 북한식 역용공작 전술이 이런 것인가. 택시 안에서 정구왕은 북한이 왜 순순히 자신을 풀어줬는지 자문하면서 그림을 그려봤다.

**북한은 내가 역용공작에 참여하는 이중스파이가 되지 않더라도 서울에 돌아가면 회색인이 될 것이라고 본 듯하다. 신분 노출 탓에 어차피 공작원으로서의 생명은 끝났고, 서울에 북한 억류 중의 행적을 사실대로 말해도 믿어주지 않으리라고 판단한 것이다. 내가 한국 사회에 불만 세력으로 편입되고 훗날 대남혁명이 일어나면 동조자의 한 명이 될 것이라고 본 듯싶다.**

호텔에 도착한 정구왕은 서울 정보사 본부로 전화를 걸었다. 선양에 있는 우리 측 접선자의 전화번호를 받았다.

# 김동식·정구왕· 수미 테리

## 세 갈래 공작 스토리

2024년 7월, 전 세계 언론은 '수미 테리(52·Sue Mi Terry)'라는 한국계 미국인 여성을 주목했다. 한국은 물론이고, 뉴욕타임스(NYT)와 CNN 등 미국 주요 매체뿐 아니라 '중동의 CNN'으로 불리는 알자지라(Al Jazeera) 등 아랍권부터 인도까지 지구촌이 일제히 보도했다. "전직 중앙정보국(CIA), 백악관 관리였던 수미 테리가 한국을 위한 미등록 요원으로 활동한 혐의로 체포됐다"는 미국 FBI(연방수사국)의 발표가 촉발한 뉴스였다. 접선과 명품이 등장하는 수사 내용은 첩보물을 뺨치는 흥미를 자극하며 뉴스 가치를 국제적으로 끌어올렸다.

사건 개요를 언뜻 보면, 대한민국 국가정보원(국정원)에 포섭된 수미

2020년 12월 경기 고양 JTBC일산스튜디오에서 열린 중앙일보-CSIS 포럼에서 수미 테리(화면 왼쪽) 당시 미국 CSIS 선임연구원이 화상으로 참석해 토론하고 있다. ⓒ김경록

테리 미국외교협회(CFR) 선임연구원이 미국 실정법을 어겼다는 평범한 뉴스에 불과했다. 기소를 담당한 뉴욕 남부 연방검찰은 수미 테리가 한국 정부를 대리해 활동하면서도 이를 관계 당국에 신고하지 않아 외국대리인등록법(FARA)을 위반한 점을 문제 삼았다.

FARA는 2차 세계대전 이전인 1938년 적국의 선전을 막기 위해 제정됐다. 미국에서 활동하며 외국 정부의 이익을 대변·홍보하는 사람은 법무부에 등록하고 관련 활동을 보고해야 한다. 관련 혐의를 부인하는 수미 테리 측은 "의혹은 근거가 없고, 독립성을 갖고 수년간 미국에 봉사해온 것으로 알려진 학자이자 뉴스 분석가의 업적을 왜곡하는 것이다"며 혐의를 부인한다. 보석금 50만 달러를 내고 체포 당일 풀려난 수미 테리는 2025년 3월 현재 뉴욕 남부 연방법원에서 법적 싸움을 벌이고 있다.

사건의 내막을 좀 더 들여다보면, 흥미진진한 공작의 세계가 상상력을 자극하는 반전이 일어난다. 국정원과 FBI, 핸들러(Handler)와 에이전트(Agent), 공작금과 명품 선물, 미행과 도청 등 공작 교본에 나옴 직한 극적 요소들이 총출동한다.

미국 법무부는 전 세계의 모든 사람이 자유롭게 열람할 수 있도록 수미 테리 사건에 대한 31쪽의 공소장(indictment)을 첨부 파일로 공개했다. '남북 스파이전쟁 탐구' 취재팀은 공소장을 면밀히 검토했다. 수미

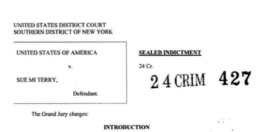

미국 법무부가 홈페이지를 통해 공개한 수미 테리 사건 공소장 ⓒ중앙포토

테리 사건은 남파간첩 김동식과 대북공작원 정구왕 전 정보사 중령의 증언에서 확인된 스파이 세계를 생생하게 들여다볼 기회를 제공한다.

## 김동식·정구왕·수미 테리 관통하는 '공작'

세 사람의 삶은 시대와 장소에서 다르다. 1990년대부터 2020년대를 가로지르는 시차가 있다. 남북한·중국·미국이라는 무대도 상이하다. 그러나 김동식·정구왕·수미 테리 세 사람을 관통하는 키워드가 있다. '공작'이다. 이들의 정체와 행적을 비교한다면, 공작원·스파이의 실상을 포착할 수 있지 않을까. 김동식과 정구왕의 스파이 스토리에 생명력을 더 불어넣을 수 있지 않을까. 침투·잠입·포섭·접선·정보원·첩보·휴민트 등 어지럽게 등장하는 공작 용어들이 독자들에게 보다 쉽게 와 닿지 않을까. 수미 테리 사건에 담긴 공작의 실체를 따져본다.

### 첫째, 공작원에 관하여

공작원은 조국의 안보와 이익을 위해 비합법적 비밀공작(covert-action)을 수행한다. 공작원과 스파이 혹은 간첩은 사실상 동일한 개념이다.

미국 검찰은 수미 테리를 국정원의 '에이전트' '소스(source)'로 적시했다. 공작 용어로 에이전트는 공작원이며, 소스는 첩보를 제공해 주는 정보원을 지칭한다. 수미 테리와 만난 국정원 요원은 핸들러라고 지칭했다. 핸들러는 공작원이나 공작망을 직접 통제하며 조종하는 공작관이다(한국국가정보학회 용어사전).

공작은 극비의 기밀을 빼내거나 폭파·암살 투입 등 물리적 임무에 국한되지 않는다. 여론 조작을 통한 화학적 상황 변화를 꾀하는 지능적 공작이 더 중요할 수 있다. 실제로 수미 테리는 한국 정부에 대한 우호적 여론 조성을 돕는 작업에 가담했다고 한다. 공소장은 구체적이다.

**국정원 요원(핸들러)이 제공한 논점을 미국 및 한국 신문에 그대로 반영해 게재하거나, 미국 국가안보 고위 관계자들과의 회의를 조직하거나, 미 국무장관과의 회의 메모와 세부 사항을 국정원 요원에게 제공했다.**

핸들러는 김동식·정구왕처럼 프로 공작원이다. 프로에게는 공작 목표가 있다. 핸들러는 수미 테리를 휴민트(인간정보)로 관리하며 미국 내 인맥 구축과 여론 조성을 모색하는 게 임무였다.

수미 테리는 문재인 정부 시절에는 북·미 정상회담을 앞둔 2019년 1월 국정원과 미 국방부 고위 당국자들 간의 미팅을 주선했고, 윤석열 정부 시절인 2022년 8월에는 외교 전문지 포린 폴리시에 '윤 대통령 외교 정책의 힘찬 출발'이라는 제목의 칼럼을 쓰는 등 한반도 문제에 관한 언론 기고와 토론에 적극적이었다.

김동식은 북한 김정일정치군사대학에서 훈련을 받은 뒤 노동당 대남공작 부서에 소속됐던 대남공작원이었다. 그는 한국에 두 차례 침투해 포섭과 지하당 구축을 시도한, 한국식 표현으로는, 직파 간첩이었다. '남조선 혁명'이 그의 최종 목표였다.

정구왕은 해외 정보 담당 첩보부대인 국군정보사령부(정보사) 소속으로 중국에서 자신의 신분을 감춘 채 공작 활동을 한 블랙 요원이었다. 그는 중국과 북한 접경지역에서 현지인들을 휴민트로 포섭해 정보원으로 활용하면서 대북공작을 펼친 핸들러였다.

## 둘째, 화이트·블랙 요원에 관하여

해외 거점 도시에 투입되는 정보기관의 해외 파견 공작원 · 공작관은 화이트(백색)와 블랙(흑색)으로 구분된다. 화이트는 공직으로 위장한다. 재외 공관의 공사 · 참사관 등 합법적인 외교관 신분이다.

국정원 핸들러는 화이트다. '주미 한국대사관 공사참사관(Minister Counselor)'이다. 화이트는 외교관 면책특권을 누린다. 공작원에게 신분 노출은 퇴출과 동의어다. 소속과 얼굴이 알려진 공작원이 어떻게 비밀리에 공작을 하겠는가. 수미 테리 사건으로 신분이 드러난 핸들러는 PNG(Persona non grata, 기피인물)로 찍혀 쫓겨났을 공산이 크다.

국정원 안에는 순직자를 상징하는 '이름 없는 별' 기념비가 있다. 19명을 기린다. 그중 신상이 공개된 인물은 딱 한 명이다. 1996년 10월 러시아 블라디보스토크 주재 한국영사관에 근무하다 피살된 최덕근 영사다. 안기부(현 국정원) 소속 대북공작관이던 최 영사는 화이트였다. 나머지는 사망해도 신원을 밝힐 수 없는 블랙이었다.

최덕근은 블라디보스토크의 한 식당에서 저녁 식사를 마치고 돌아오던 중 아파트 계단에서 흉기에 찔려 피살당한 채 발견됐다. 그는 북한의 마약 밀매 실태와 100달러 위조지폐(슈퍼노트) 유통 경로를 추적하던 중 북한 기관원들에게 암살당한 것으로 알려졌다. 시신을 부검하자 북한 공작원들이 만년필 독침에 주로 사용하는 '네오스티그민 브로마이드'라는 물질이 검출됐다. 김동식이 2차 침투 후 체포됐을 당시 소지했던 만년필형 독침용과 같은 성분의 독극물이었다.

블랙은 소설과 영화의 주인공으로 나오는 스파이가 여기에 속한다. 목숨을 건 투사의 이미지 탓인지 '공작원의 꽃'이라고 불린다. 사업가·주재원·기자·교수·여행객 등 민간인으로 신분을 세탁한다.

남파간첩 출신의 김동식은 대표적인 블랙이다. 그는 1990년 1차 남파 때 몰래 잠입해 도용한 신분을 가지고 144일 동안 남한을 휘젓고 다닌 뒤 평양으로 복귀했다. 어둠 속에서 나타났다가 어둠 속으로 사라진 흑색이었다.

정구왕은 1996년 10월 '고려인삼세영산업 단둥지사장'으로 위장한 채 중국 단둥에서 블랙으로 암약하다 변을 당했다. 블랙은 화이트와 달리 비합법적 임무에 종사하기 때문에 신분이 노출될 경우 조국에서 그의 존재가 부정당한다. 정구왕이 북한에 납치됐을 때 국내 언론에선

'한국인 사업가 실종'으로 보도했다.

## 셋째, 공작 수단에 관하여

공작에는 휴민트(HUMINT · 인간정보), 테킨트(TECHINT · 기술정보), 오신트(OSINT · 공개정보)라는 첩보 수집 수단이 동원된다. 휴민트는 공작원이나 협조자 등에게서 채취한다. 테킨트는 도·감청, 사진, 레이더, 해킹 등 영상이나 신호를 활용한다. 오신트는 언론·자료·인터넷 등 대중에게 공개된 정보다.

2020년 8월 미국 뉴욕의 그리스식 식당에서 수미 테리 미국외교협회(CFR) 선임연구원(왼쪽)과 국가정보원 핸들러 두 명(오른쪽)이 저녁 식사를 하고 있다. 검찰은 3년 임기를 마친 핸들러2가 수미 연구원에게 핸들러3를 소개시켜줬다고 밝혔다. 핸들러2가 식당 결제를 한 뒤 세 명은 택시로 다른 바로 이동했다고도 전했다. 바에서 자리를 마친 테리의 손에는 회색 쇼핑백이 손에 들려져 있었다. 이 선물은 핸들러들이 저녁 식사 전에 구매한 물품이다. ⓒ미국 뉴욕 남부지검 공소장 사진 캡처

사진은 진실을 말한다. 부인할 수 없는 사실을 폭로한다. 수미 테리에 대한 공소장에는 4장의 컬러 사진(테킨트)이 담겼다. 수미 테러와 핸들러가 만나 고급 식당에서 식사를 하고, 명품을 사고, 길거리를 이동하는 장면들이다.

수미 테리는 국정원의 휴민트였던 걸로 의심된다. 수미 테리와 핸들러가 전화 통화를 하거나, 대면 대화를 하거나, e메일과 문자를 주고받은 녹취 내용이 뒷받침됐다. FBI의 미행과 도·감청(테킨트) 없이는 채취할 수 없는 증거다.

예컨대 이런 식이었다. "2023년 1월 10일 저녁 식사 중, 수미 테리와 핸들러가 테리가 관리하는 프로그램에 자금을 비밀리에 송금하는 방법을 논의했다"며 그 대화 내용을 적었다.

**"가장 좋은 방법은 내가 대사관 수표를 쓰는 것이다."** (핸들러)
**"제3자를 끌어들여야 한다. 대한민국 정부로부터 직접 큰 금액을 송금받는 것은 의심스러워 보일 것이다."** (수미 테리)

김동식이 남파 때 포섭을 시도한 운동권 인사들에 대해 얻은 사전 지식은 오신트에 해당한다. 김동식은 취재팀에 설명했다.

**한국 신문 기사와 서적 등 공개된 자료를 수집해 포섭 대상 인물에 대한 정보를 취합했습니다. 포섭된 인물은 북한의 휴민트 자산이 되**

는 것이지요.

정구왕은 휴민트에 대해 언급했다.

**조력자(walk-in)라 부르는 정보원 휴민트가 있었습니다. 나의 정보원
이란 사실조차 모르게 한 채 정보원을 은밀하게 공작에 투입하는 기
술이 진짜 공작입니다.**

## 넷째, 포섭에 관하여

포섭을 위해서는 돈이나 성(性)에 대한 욕망이든, 이념이나 체제에
대한 불만이든 동기를 부여해야 한다. 흔히 'MICE'로 압축한다. 돈
(Money), 이념(Ideology), 타협/강압(Compromise/Coercion), 자존심(Ego)
의 약어다. 스파이 역사에서 가장 흔한 동기는 역시 돈이다.

수미 테리가 국정원 핸들러로부터 받은 내역이다.

· **돌체앤가바나 코트**(2845달러)
· **보테가 베네타 핸드백**(2950달러)
· **루이비통 핸드백**(3450달러)
· **우회적 지원금**(3만 7000달러)

**· 해산물 레스토랑, 스시 레스토랑, 미쉐린 스타 레스토랑 식사**

국정원이 준 명품 선물값은 모두 9254달러(1200만 원 상당, 2024년 7월 기준)에 지원금 3만 7000달러(5100만 원 상당)를 합치면 모두 6300만 원에 달한다. 식사 접대비까지 포함하면 더 늘어난다. 수미 테리가 정보원이 된 배경에는 이런 유혹이 작동했을 가능성이 있다.

김동식이 포섭했거나 포섭을 시도한 운동권 인물들에게는 주체사상이념이 주된 동기로 작동했다. 김동식은 1990년 1차 남파 때 5만 달러, 1995년 2차 남파 때 4만 5000달러의 공작금도 반입했다. 또 다른 간첩

2021년 4월 미국 워싱턴DC의 명품 브랜드 루이비통 매장 앞에서 에서 수미 테리 미국 외교협회(CFR) 선임연구원(왼쪽)과 국가정보원 핸들러가 길을 걷고 있다. 국정원 핸들러 오른쪽 손에 루이비통 가방을 포장한 쇼핑백이 들려 있다. ⓒ 미국 뉴욕 남부지검 공소장 사진 캡처

이 사용하도록 땅속에 숨겨뒀는데 행방은 알 수 없다고 했다. 30여 년 전 서울 30평대 아파트 한 채가 1억 원대였던 점을 고려하면 거액이다.

## 다섯째, 핸들러의 자금에 관하여

수미 테리에게 투입된 사례비 성격의 거액은 무엇인가. 2022년 기준으로, 국정원 전체 예산은 1조 5000억 원 정도다. '안보비'라고 불리는 공식 예산(8300억 원), 비상금 성격의 '국가안전보장 활동비'(6300억 원), 국방부·외교부·경찰청 등과 함께 쓰는 특수활동비(2393억 원)다. 이런 예산 중 일부가 수미 테리를 정보원으로 관리하기 위해 공작금으로 쓰인 것으로 추정된다. 국정원 예산 내역은 비밀이다. 예산 편성 1년 후 총액만 알려진다. 휴민트 관리용으로 사용된 공작금 규모는 극비 사항이다.

## 여섯째, 수미 테리 사건의 본질에 관하여

1972년 서울에서 태어난 수미 테리는 뉴욕대에서 정치학으로 학사학위를, 보스턴 터프츠대에서 국제관계학으로 박사학위를 받았다. CIA에서 분석관을 지냈으며 이후 백악관 국가안보회의(NSC) 한국·일본·오세아니아 담당 국장, 국가정보위원회(NIC) 동아시아 담당 분석관 등 화려한 경력을 쌓은 뒤 CFR 선임연구원으로 활동했다. 한반도 안보에 관해 워싱턴포스트(WP) 등 미국의 주요 언론에 글을 쓰고, TV 방송에도 얼굴을 자주 비친 오피니언 리더였다. 국정원에서 보자면 미국 여론을 움직이는 데 활용 가치가 높은 인적 자원으로서 손색이 없었다.

수미 테리를 정보원으로 끌어들인 국정원의 포섭 공작은 비판할 이유가 없다. 공작의 세계에도 공짜는 없다. 미국 검찰의 공소장이 이런 이해관계를 잘 설명했다.

**대한민국 정부 관계자들은 수미 테리에게 미국과 한국 언론에 대한민국 정부가 제공한 입장과 표현을 전달하는 기사를 작성하도록 요구하고, 그 대가를 여러 차례 지불했다.**

그러나 FBI 수사망에 걸리지 말았어야 했다. 은밀성을 생명으로 하는 공작을 들킨 국정원의 아마추어적 실수는 변명의 여지가 없다. 국정원이 FBI 감시를 의식하지 않은 채 정보원 수미 테리와 안이하게 행동하다가 들통이 났다. 미국 내 다른 우리 측 휴민트가 겁을 먹고, 연쇄적으로 우리 공작이 위축될 위험이 있다.

장석광 국가정보연구회 사무총장의 진단이다. "국정원 요원들은 자신들의 행동을 기밀 탐지나 비밀공작이라기보다는 정보 수집 정도로 안이하게 여겼던 것으로 보인다. 미국이 우방국이라는 점을 너무 과신하는 바람에 실수를 범했던 측면도 있다."

김동식과 정구왕, 수미 테리 사건의 세 갈래 공작 이야기에는 공통된

국가정보원 청사 내에 설치된 '이름없는 별' 조형물. 업무 중 순직한 정보요원들을 기리기 위한 것으로 2021년 조형물에 새겨진 별은 18개에서 19개로 늘었다. ⓒ국가정보원 홈페이지 사진 캡쳐

메시지가 있다. 공작은 소리 없는 전쟁이다. 친구도 동맹도 없고, 비정함이 지배한다. 김동식의 남파공작과 정구왕의 대북공작이 그랬고, 수미 테리 사건은 디지털 정보 시대에도 인간에 의한 공작이 가장 유용한 전략이라는 점을 재확인해준다.

# "사우나서 보자"던 협조자

## 정보사 접선지에 숨은 비밀

1998년 10월 22일 목요일 중국 선양. 북한에 납치된 국군 정보사 소속 블랙 요원 정구왕 중령이 평양을 '탈출'한 지 닷새째 되는 날이었다. 정구왕은 자신을 호송한 북한 보위부 반탐과장과 헤어진 뒤 택시를 타고 한국 교민들이 많이 사는 지역의 한 호텔 앞에 내렸다.

서울 정보사 본부로 전화를 걸었다. 현지에서 접촉할 사람의 전화번호를 얻었다. 그 번호로 전화를 거니 "호텔 부근 한국식 사우나에서 만나자"고 했다. 사우나 카운터에서 30대 남성이 기다렸다.

**피곤하실 테니 사우나를 먼저 하십시오. 저녁 차로 베이징으로 이동**

**하겠습니다.**

남성은 베이징 주재 한국대사관 국방무관 보좌관 L의 조선족 협조자였다. 그는 정구왕에게 "다른 옷을 준비해 주겠다. 북한에서 입고 나온 옷을 전부 벗어 달라"고 했다. 옷이나 몸에 추적 장치가 달렸을 가능성에 대비하려는 낌새였다.

저녁 무렵 선양역으로 이동해 기차를 탔다. 역에는 우리 쪽 요원 한 명이 더 기다리고 있었다. 두 명의 호송을 받으며 기차 침대칸을 타고 베이징까지 약 630km를 이동했다.

국방무관 보좌관 L은 정보사 본부 주무과장의 지시를 받고 정구왕 귀환 작전을 지휘했다. L은 정보사에서 주요 보직을 거친 베테랑이었다. 북한 반탐과장이 L을 지칭하며 "아주 쥐새끼 같은 놈"이라고 표현한 말이 떠올랐다. 대북공작 활동을 하면서 치고 빠지는 기민한 행동에다 신분까지 완벽히 감추는 능력이 탁월했던 탓에 북한 반탐조직의 경계 대상이었던 듯했다.

정구왕 전 정보사 중령이 1978년 육군 3사관학교에 입학한 뒤 생도 시절의 모습. ⓒ정구왕

베이징역에서 중국의 다른 지역 거점장이자 정보사 동료 요원인 J가 정구왕을 맞았다. 경계하는 눈빛이었다. 이해할 수 있었다. 그 동료 숙소에서 하룻밤을 보내야

했다. 거실에다 매트리스와 이불을 깔아 잠자리를 만들어주고 자기는 방으로 들어갔다. 그가 문을 안에서 걸어 잠그는 소리에 갑자기 서글퍼졌다. 머리로는 이해가 갔지만, 가슴은 아팠다.

## 8개월 만에 들은 아내의 젖은 목소리

이튿날인 23일 금요일 오전, 아내와 8개월 만에 첫 전화통화를 했다. 아내의 목소리는 젖어 있었다.

**몸은 좀 어떠세요?(아내)**
**괜찮아. 군 생활을 더 할 수 있을지 모르겠네.(정구왕)**

아내의 절절한 마음이 수화기 너머로 전해 왔다. 대화는 간결했다. 그동안 서로에게 무슨 일이 있었는지 알 도리가 없으니 긴 이야기를 나눌게 없었다.

위장 탈출이 실현되기 전까지 자포자기 심정이었다. 여생을 북한에 묶여 지낼지 모른다고 각오했다. 아내에게 짐이 되지 않고자 했다. 아내가 자신을 잊고 새 삶을 찾아 달라고 간절히 기도했다. 두 딸과 아들은 자신의 형제들이 하나씩 맡아 키워주길 바랐다. 큰아이가 어른이 되면 자식들이 함께 모여 살기를 소망했다. 이제 그 악몽에서 벗어났다. 아내와 자식들과 재회할 수 있다는 사실에 감사할 뿐이었다.

중국 선양에서 베이징, 다시 선양으로 돌아가 김포공항에 도착한 정구왕

베이징 호텔에서 혼자 지낼 때는 객실 문을 의자와 탁자로 막고 잘 정도로 불안했다. 무관 보좌관 L로부터 연락이 왔다. 정보사 본부에 긴히 보고할 사항이 있는지 물었다. 정구왕은 메모식 필담(筆談)으로 첫 귀환 보고를 했다. 민감하고 중요한 내용이라 인편으로 전달했다.

**북한에 역용(逆用)돼 탈출한 것으로 연출됐다.**

북한이 정구왕을 납치한 뒤 포섭해 이중간첩으로 활용하려고 역용 공작을 꾸미고 있으니 조심하라는 신호였다. 베이징 호텔 이틀째. 불현 듯 햄버거를 먹고 싶었다. 동료 요원인 J가 점심 때 햄버거집에 데려갔다. J는 정구왕의 피랍 배경이 궁금했던 모양이다.

**정 부장, 니 거점 지역(단둥)에서 노래방 등 개인 사업을 해서 돈벌이를 했는가?**

북한 소행의 무자비한 납치극을 정구왕의 개인적 돈 욕심 탓에 벌어진 우발적 사고로 치부하는 듯한 발언이었다. 정보사에서는 이미 그렇게 몰아갔고, 입소문이 뒤쫓아간 듯했다. 생사의 기로를 헤매다 겨우 살아 돌아왔는데 너무도 섭섭했다. 끓어오르는 분노를 참을 수 없어 소리를 쳤다.

**야 XX야! 내게 자주 왔다 갔다 하며 나를 가장 잘 아는 놈이 넌데, 위로는 못 할망정 그렇게 물어보냐!**

정구왕이 중국 국경을 넘을 때 사용한 '조선민주주의인민공화국 김혁철'이란 위조 여권은 북한 반탐조직이 회수했다. 대한민국 여권을 새로 만드는 등 입국에 필요한 행정 절차에 시간이 소요됐다. 무관 보좌관 L에게서 "긴장을 좀 풀자"며 저녁 술자리를 제안받았지만 "지금 내 처지에서 무슨 술이냐"며 거절했다.

정구왕은 11월 9일 베이징에서 선양으로 다시 이동했다. 베이징 도착 뒤 18일 만이었다. 선양의 한 호텔에서 다음 날(11월 10일) 출국을 기다렸다. 베이징에서 김포공항행 비행기를 타지 않고 선양을 경유해 한국으로 들어온 이유가 있다. 김대중(DJ) 당시 대통령의 방중 일정 때문이었다. DJ는 같은 달 11일 베이징에 도착, 4박 5일의 공식 일정을 소화했다.

## DJ 방중 탓에 선양 돌아서 귀국

DJ는 장쩌민 국가주석과의 정상회담 외에도 리펑 전인대 상무위원 장, 주룽지 국무원 총리, 후진타오 국가부주석 등과도 면담했다. 김우중 전국경제인연합회장 등 경제 6단체장과 삼성·현대·대우 등 대기업 최고경영진 30여 명을 포함한 무역경제협력사절단도 함께 방문했다.

정구왕은 선양 타오셴(桃仙) 국제공항에서 출국 수속을 밟았다. 심사관이 여권 사진을 두세 번 유심히 살펴본 뒤 통과시켰다. 8개월 동안 사진과 확연히 달라질 만큼 얼굴이 초췌했다. 몸무게가 10kg 가까이 빠진 상태였다.

김대중 대통령의 취임 뒤 첫 중국 방문 소식을 소개한 중앙일보 1998년 11월 12일자 1면.
ⓒ중앙포토

1995-1998년 정구왕 전 중령이 중국 옌지와 단둥에서 중국어 연수를 받고 거점 파견 활동을 하던 모습. 왼쪽은 북한 신의주가 보이는 국경 지대에서 찍었다. 오른쪽은 고려인삼세영산업 단둥지사장으로 위장 활동했던 시절 현지 직원을 채용하는 모습.
ⓒ정구왕

## 김포공항 도착 직후 안기부 조사

김포공항에 도착하자 국가안전기획부(현 국정원) 요원들이 대기하고 있었다. 그들과 함께 곧장 서울의 K호텔로 향했다. 그는 열흘간 정보사 안가(안전가옥)로 쓰였던 서울 중심가 호텔 두 곳에서 안기부 조사를 받았다.

피습 상황부터 북한에서 1~2차 병원 치료 과정, 선물배급소 체류 때의 일상과 관광지 방문 등 행적, 북한 반탐조직의 조사 내용, 평양→삼지연→어랑→회령→옌지→선양으로 이어진 위장 탈출 루트에 대해 빠짐없이 진술했다. 정구왕의 공작원 홍영춘, 북한과 납치를 모의한 배신자 장세영, 납치 사건을 미인계로 오인하게 한 화교 여성 리계향과 그의 세 오빠에 관해서도 설명했다.

안기부 수사관은 위장 탈출과 역용공작이 미심쩍었던지 직설적으로 물었다.

**북한이 어설픈 역용 임무를 주며 당신을 살려 보낸 목적이 무엇이라고 생각하나요?**(안기부 수사관)

**남북 당국의 물밑협상에 따라 이뤄졌는지는 제가 알 수 없는 내용입니다. 한국 정부가 추진하는 햇볕정책에 대한 북한의 간접적인 유화 제스처로도 볼 수 있겠습니다. 하지만 '남조선 혁명 역량으로 만들 수 있다면 더 좋은 일'이라는 계산도 깔렸을 겁니다. '당신은 한국으로 돌아가지만, 결코 환영받지 못할 테니 불만이 쌓일 것'이라고 기대도 하지 않았겠습니까. 영원히 회색인으로 살 수밖에 없는 주홍글씨를 새긴 거죠. 밑져야 본전이니 '아니면 말고, 해주면 더 고맙다'는 심보도 있었을 거고요.**(정구왕)

안기부 수사를 받는 중에 정보사 관계자들이 들락날락했다. 겉으로는 위로해 주는 척하면서도, 수사 상황을 본부에 보고하기 위한 행동으로 보였다. 중국에서 근무한 적이 있던 선배 요원 B가 다가와 정구왕의 현지 공작원이던 중국 동포 홍영춘이 이 호텔에 있다는 사실을 알려줬다. 그는 "홍영춘, 그 친구 보통이 아니야. 다루느라 속 많이 썩었겠어"라고 말했다.

정구왕은 북한에서 신문당할 때 홍영춘과 그 주변 인물들을 보호하지 못했다. 관련 정보가 담긴 자신의 업무 수첩을 빼앗긴 상태라서 홍영춘의 포섭과 임무를 일부 실토할 수밖에 없었다. 정보사 본부는 이런 사실을 모른 채 홍영춘의 공작 사업을 중단하지 않고 선배 요원 B에게 맡긴 것이다. 노출된 공작망은 차단한다는 공작 원칙이 지켜지지 않았다.

안기부 수사관은 "북한 보위부 애들이 우리(안기부)를 어떻게 보느냐"고 물었다. "들은 대로 얘기해도 되겠느냐"고 되묻고는 "북한에서는 신통찮게 보더라. 기무사를 더 무서운 조직으로 보더라"고 정구왕은 솔직히 대답했다. 평양 억류 때 반탐과장은 "우리 공화국에 나쁜 짓을 많이 하는 건 남조선 안기부지만, 그렇게 위협적으로 보지 않는다. 오히려 기무사가 만만치 않다. 군 집단이 무엇이 달라도 다르다"고 했던 기억이 떠올랐다.

정구왕이 목숨을 건 공작을 수행하는 배짱을 갖게 된 배경에는 군 경험을 빼놓을 수 없다. 그 시절을 잠시 되돌아보자.

## 사복 정장 차림의 정보사 사람들

정구왕은 1978년 육군 3사관학교 입학으로 군에 발을 디뎠다. 대구 출신인 그는 달성공원에서 상급자에게 거수경례를 한 군인이 멋있어 보였다. 군에 몸담기로 한 계기였다. 임관 뒤 보병 중·소대장, 여단 참

모장교, 전방 GOP(일반전방소초)연대 정보과장으로 9년 정도 야전 근무를 했다. 야전 시절 *그가* 맡고 있던 부대를 2년 연속 선봉 중대로 만들 정도로 지휘 통솔 능력을 과시했다.

병과(군사 특기)가 정보 쪽인 정구왕은 여단장의 추천으로 정보사로 가게 됐다. 1987년 대위 때 처음 서울 서초구에 있던 정보사령부로 들어갔다. 영내 간부들이 대부분 사복 정장 차림이었다. 운전병 머리도 장발이었고, 차량에도 일반 민간에서 볼 수 있는 번호가 달렸다. 철저하게 위장된 부대였다.

## 중국 언어연수 중 휴민트 포섭

당시 공작원들은 일본어를 주로 배우며 재일본조선인총연합회(조총련)에 접근해 북한으로 침투하는 우회공작 루트를 개발했다. 그러다 1988년 서울올림픽 개최와 1991년 소련 붕괴, 1990년대 덩샤오핑의 중국 개방정책 등이 진행되면서 변화가 일었다. 한국에서는 노태우 대통령이 북방정책을 추진하기 시작하던 때다. 정보사 공작원들은 중국어를 배우고, 북·중 접경지대가 대북공작의 핵심으로 부상했다.

정구왕은 소령 진급과 육군대학, 2년간 야전 순환 근무를 마친 뒤 1995년 6~8월 3개월 동안 기업인으로 위장한 채 옌지의 옌볜대학에서 중국어를 연수했다. 당시 정보사 사령관은 어학연수를 떠나는 공작원들에게 "나중에 임무 수행을 위해 밑거름이 되도록 현장에 가서 실컷 돌아다녀야 한다"고 격려했다.

첫 한 달은 어학연수에 매진했지만, 나머지 두 달은 북한과 중국을 오가는 무역업자들을 부지런히 만나고 다녔다. 어느 날 하숙집에서 개인 과외를 해주던 학생이 "북·중 국경 무역을 하는 이웃이 있는데 소개해 주겠다"고 했다. 그가 바로 정구왕의 핵심 공작원이 된 홍영춘(1995년 당시 40세)이었다. 홍영춘은 정구왕을 만나자마자 본론부터 꺼냈다.

**요즘 한국과 문이 열려서 이것저것 생각하는 것이 많은데, 이 옌볜 바닥에 있는 한국인들 대다수가 돈도 없고 사기꾼들이 많아서리 내레 믿을 수가 없음둥.**

진한 함경도 말투에 쇳소리가 섞여 나왔다. 주변에 사기꾼들이 많다고 구시렁댔지만, 본심은 한국인 사업가를 만나 돈을 벌고 싶다는 데 있었다. 연수를 마친 직후 그를 휴민트로 활용하기 위해 한국으로 불러 교육했다. 북·중 접경 지역에서 북한군에 관한 정보 수집 임무를 시험적으로 맡겼다.

## 핵심 휴민트, 북한 군사 교범 넘겨

홍영춘은 중국에 돌아간 뒤 북한 군사교범과 같은 기밀 자료를 정구왕한테 넘겼다. 그가 입수한 북한의 전술 교육 자료는 정보적 가치가 컸다. 홍영춘을 활용한 공작은 정보사와 안기부의 승인을 받아 지원 규모가 커졌다. 그는 곧 정보사에서 주목하는 최고의 휴민트로 자리매김했다.

승승장구하던 시절이었다. "공작원은 영광도 실패도 자기 몫"이라고 선배 공작장교는 말했다. 잘나갈 때일수록 주변을 잘 살피라는 말을 에둘러서 한 조언이었다. 그로부터 10개월 뒤에 자신이 북한에 피랍될 줄은 상상할 수 없었다.

다시 안기부 수사 상황이다. 호텔에서 조사를 받고 있을 당시 낯익은 50대 남성이 찾아와 인사를 했다. 단둥에서 봤던 주점 사장이 뜻밖에 나타났다. 실내가 250m² 정도 되는 2층 규모의 번듯한 한식당을 운영하고 있었다. 그와 함께 북한에서 나온 골동품을 보러 다니기도 했다. 주점 사장은 블랙으로 위장해 활동하던 안기부 요원이었다.

나도 그를 몰랐고, 그도 나를 몰랐다. 정보기관과 요원 간에 서로 모르게 막는 '차단의 원칙'이 잘 지켜진 사례였다. 주점 사장은 "나에 대해 어떻게 봤는가"라고 물었다. 정구왕은 "이상하긴 했는데, 내 일에 신경 쓰다 보니 생각을 많이 하진 않았다"고 답했다.

주점 사장이 운영했던 식당에 비하면 정구왕의 단둥 사업은 단출했다. 군사 정보 수집 활동에 집중돼 활동 범위도 정보사 활동은 안기부 공작보다는 제한적이다. '어떻게 북한에 납치될 정도로 위험천만한 일을 할 수 있느냐'고 묻는 안기부 수사관에게 정구왕은 당당하게 말했다.

군 정보기관은 열악한 환경과 조건 속에서 아무도 보지 않지만 헌신과 사명감 때문에 임무를 수행하고 있습니다. 왜? 군인이기 때문입니다.

# 내게 눈가리개
# 씌운 조국

## 탈출 요원에 새긴 주홍글씨

**보안상 눈가리개를 사용하겠습니다.**

국군 기무사령부(현 국군 방첩사령부) 수사관이 명령조로 말했다. 국가
안전기획부(안기부, 현 국정원)로부터 신병을 인계받은 기무사는 정구왕
국군 정보사 중령에게 검은 눈가리개를 씌웠다. 1998년 12월 3일 대공
분실로 가는 차량 안이었다.

정구왕은 북한에서의 악몽을 떠올렸다. 눈가리개를 찬 채 불안에 떨
며 어딘가로 끌려다니던 억류의 나날이 덮쳐왔다. 내 조국에 와서도 눈
가리개를 차야 하는 처량한 신세가 너무도 서러웠다. 남과 북, 어디에도

환영받지 못하는 회색인이라고 주홍글씨가 새겨진 느낌이었다.

**나는 왜 대한민국 대북공작사에서 국군 정보사 흑색 요원이 북한에 납치되는 전대미문의 사건에 희생양이 됐을까.**

정구왕은 스스로 물었다. 평양을 탈출해 1998년 11월 10일 서울 김포공항에 귀환한 직후 안기부에 불려갔다. 10일간에 걸쳐 피랍 배경, 북한 억류 생활, 위장 탈출 경위, 역용공작의 가능성과 이중스파이 여부를 추궁당했다.

2024년 10월 서울 용산구 전쟁기념관 내에서 정구왕 전 정보사 중령이 전시실을 관람했다. 전쟁기념관은 그해 6월부터 1950-53년 6·25 전쟁 당시 북한에 억류된 국군포로와 관련한 특별 전시행사를 열었다. 정구왕이 중국에서 활동하던 90년대 후반 현지 브로커의 도움으로 북한 함경북도 탄광 노동자로 살던 국군포로가 귀순한 사례도 있다. ⓒ장진영

## 의심스러운 이방인 취급

안기부에 이어 기무사의 신문을 기다리던 정구왕은 차가운 현실을 절감했다. 삶과 죽음의 문턱을 오간 끝에 찾은 조국은 그의 결백을 외면했다. 북한의 사주를 받는 의심스러운 이방인처럼 취급했다.

정구왕은 또 다른 시련과 고난을 직감했다. 기구한 인생으로 전락한 이유가 무엇인가. 공작원, 즉 스파이가 되지 않았다면 피할 수 있었던 운명의 장난이었다. 중국에서 펼쳤던 비밀 작전들이 주마등같이 그의 머릿속을 스쳤다.

1987년 정보사 공작 장교가 된 그는 한때 잘나갔다. 한·미 합동 공작부대 등 현장 실무와 안기부 첩보교육에 중국 어학연수까지 두루 거치며 유망한 공작관의 코스를 달렸다. 이후 중국 단둥의 블랙 요원으로 발탁됐다. 공작 장교라면 누구나 선망하는 기회였다. 그 임무를 성공적으로 완수한 뒤 명예로운 군인으로 남기를 꿈꿨다.

1997년 중국 단둥에서 정구왕 전 정보사 중령이 숙소 앞 마당에서 고려인삼세영산업 직원과 이야기를 나누고 있다.
ⓒ정구왕

## 단둥, 총성 없는 스파이 전쟁터

1996년 9월, 정구왕은 '고려인삼세영산업 단둥지사장 정병준'으로 위장하고 단둥에 투입됐다. 현역 군인이라는 진짜 신분은 감춘 채 무역업자로 행세했다. 단둥 시내 재래시장 거리 1층에 사무실을 차렸다. 인삼 전시장과 숙소를 겸한 사무실이었다. 바로 앞 압록강 너머 북한군 정보 수집과 동향 파악에 좋은 위치였다.

당시 단둥을 비롯해 선양과 옌볜, 베이징 등지에서 남북한을 비롯한 각국 공작원들은 총성 없는 스파이 전쟁을 벌이고 있었다. 정보사는 중국 주요 거점에 블랙 요원을 심었다. 블랙 요원은 장기간 잠복해 있으면서 휴민트를 포섭해 대북 정보와 첩보를 채집했다.

서로의 정체를 모르게 하는 '차단의 원칙'에 따라 현지 블랙 요원들끼리는 교류하지 않게 돼 있다. 공작관은 휴민트 포섭과 운용을 모두 홀로 결정하고 진행해야 한다. 지휘관이자 참모이자 행동대원이라는 1인 3역을 동시에 맡는다.

## 정구왕에 내려진 세 가지 지령

정구왕에게 정보사 본부에서 내려보낸 공식 지령은 세 가지였다. ① 북한·중국 사이의 수출입 물동량과 종류를 알 수 있는 단둥세관 정보(1996년) ②북·중을 오가는 수출입 화물차 기사의 포섭(1998년) ③북·

중 국경 요충지를 담은 지도의 검증 및 확인(1997년).

첫 번째 지령인 세관 정보. 정구왕의 거점 지역은 북·중 접경 세관 중 규모가 가장 크고 육로와 철도 시설이 잘 갖춰져 대량 수송이 가능했다. 중국은 북한과의 무역 거래 내역을 기밀로 취급했다. 정구왕은 자신이 포섭한 휴민트를 세관 공무원에게 접근시켜 북한에 반입되는 물품 항목과 물량을 매월 서울 본부에 보고했다.

세관 정보는 북핵과 연관성이 있어 보였다. 북한이 핵 개발에 필요한 물품을 중국이나 러시아를 통해 수입하는지 감시하는 목적이 있을 수 있다. 정구왕은 "공작관은 지령이 어떤 용도로 사용되는지는 알 수 없다. 정황상 추측만 할 뿐이다"고 했다.

1998년 8월 대검찰청이 공개한 북한 문화재. 검찰이 압수한 도자기 111점은 대부분 11-13세기 고려청자 진품으로 시가 30억 원에 이른 것으로 추정했다.
ⓒ중앙포토

두 번째 지령인 화물기사 포섭. 크게 보면 북핵과 관련된 임무였다. 북한의 화물 운송 기사를 우리 편으로 끌어들여 물동량의 내용과 목적지를 확인하려는 의도였다. 북한에서 국경을 넘을 수 있는 운전기사는 부유층에 속했다. 그들을 포섭하려면 상당한 시간과 돈이 필요했다. 정구왕은 운전기사 포섭 임무를 마치지 못한 채 납치됐다.

세 번째 지령은 군사 요충지 지도. 정구왕에게 하달된 지역은 중국 단둥에서 시작해 백두산을 넘어 랴오닝성 푸순(撫順)까지 이어지는 지역이었다.

## 북한 골동품 거래 현장의 횡재

첩보 수집에는 정해진 틀이 없다. 비공식적인 루트와 인맥을 통해 대어를 낚기도 한다. 정구왕이 거주하던 건물에는 한인 골동품 업자들이 몇몇 있었다. 그들은 단둥에 머물며 좋은 물건을 잡아 대박을 기대했다. 북한 골동품 브로커가 몰래 반출한 고려청자·조선백자 등을 챙겨 한국뿐 아니라 중국·대만·홍콩의 큰손들과 밀거래해 한몫 챙기려 했다.

거래는 보통 늦은 밤, 북한 브로커가 압록강을 건너 물건을 가지고 들어오면 한인 골동품 업자들의 품평과 가격 흥정이 이루어지는 식이었다. 북한 브로커가 직접 단둥으로 오거나, 중국의 판매책이 접선 지점에서 물건을 받아 한국 골동품 업자들과 거래하기도 한다. 정구왕은 국경 지대의 동향을 알아보기 위해 거래 현장에 한국인 골동품 업자와 몇

차례 동행했다.

생각지 않은 횡재를 얻기도 했다. 북한 골동품을 감정·흥정하는 비밀회합이었다. 살짝 비린내가 났다. 북한 브로커가 골동품을 싸 온 두꺼운 종이뭉치에서 풍겼다.

모두 골동품에 정신이 팔린 사이 종이뭉치를 슬쩍 집어 보니 지도 같았다. 북한 황해도와 한국 서해가 포함된 군사용 해도(海圖)였다. 몰래 밖으로 가져 나왔다. 정구왕은 "한국에 보냈는데, 해류(海流) 정보가 포함된 상당한 군사 가치가 있는 해도였다"고 했다.

한때 북·중 국경 지역에서는 북한 골동품의 불법 거래가 횡행했다. 북한 권력층의 자금 조달원이었다는 소문이 돌았다. 그러나 가짜가 범람하고 통제와 단속이 강화되자 골동품 브로커들은 탈북민 브로커로 전환했다. 국군 포로나 북한 고위층 탈북을 도와주면서 골동품 거래처럼 뒷돈을 챙겼다.

사실 정구왕에게는 더 중요한 특명이 있었다. 단둥에서 돈과 권력을 쥐고 있는 북한 고위층에 접근할 수 있는 유능한 휴민트를 확보하는 일이다. 정구왕은 여러 명의 정보원이나 조력자를 자신의 휴민트로 만들어 운용했다. 1995년 중국 옌볜에서의 단기 어학연수부터 알게 된 중국 동포 홍영춘(당시 40세), 정구왕의 납치에 가담한 장세영(27세), 북한 신의주 출신의 중국 국적 여성 리계향(25세)이 그런 경우였다.

## 노골적으로 돈 요구하는 휴민트

홍영춘은 북한 군사 교범을 빼내 와 정보사 본부로부터 유능한 휴민트로 인정받은 인물이다. 그는 북한 군사와 관련된 양질의 첩보를 계속 물어왔다. 그러나 금전적 보상이 적다고 불만을 종종 털어놓으며 돈을 노골적으로 요구했다. 공작금 명목으로 주던 1만~2만 위안(약 100만~200만 원)에 만족하지 않았다.

돈 되는 물품을 매점매석해서 밀무역으로 한몫 챙겨보고 싶으니 자금을 좀 융통해 달라. 언제까지 정 부장님(정구왕)이 주는 푼돈만 받고 살 순 없지 않은가. 옌지에 노래방을 열게 해달라.

2024년 10월 서울 용산구 전쟁기념관 내 '북한의 군사도발실'에서 정구왕의 모습. 남파 공작원이 사용한 무기들이 전시돼 있다. ⓒ장진영

그를 조종해야 하는 공작관 정구왕으로선 그의 막무가내에 마냥 휘둘릴 수 없었다. 북·중 국경 지역의 상세 지도를 확인하는 임무를 수행하던 중에 홍영춘은 인편으로 전달받은 정구왕의 편지를 찢어버리며 성질을 부렸다. 정구왕은 전화를 걸어 "일을 그만두겠다는 거냐. 분명한 생각을 이른 시간에 알려주고 아니면 사과하라"고 경고했다. 홍영춘은 지도 작업을 계속 이어갔다. 계속 일하고 싶다는 신호를 보냈고, 그와의 사업은 이어졌다.

## 인민군 장성 망명 공작

장세영은 정구왕의 운명을 비극적으로 추락시킨 배신자다. 정구왕이 그를 처음 만난 건 1996년 초겨울이었다. 단둥에서 중국 동포로부터 소개받았다. 그는 당시 28세의 조선족 청년으로, 단둥 동항에서 선단을 조직해 북한군에 뇌물을 주고 북한 서해에서 불법 고기잡이 사업을 벌였다.

정구왕은 기획성 임무를 구상하며 장세영을 관리할 필요성을 느꼈다. 장세영을 휴민트로 활용하기 위해 많은 노력과 돈을 들였다. 장세영이 거래하는 고깃배 충돌 사고가 있을 때 수리비 등을 지원해 줬다. 그의 부모가 단둥에 올 때 용돈도 줬다. 식사나 술자리도 자주 가지면서 호형호제의 관계로 발전시켰다. 한 달에 한 번꼴로 배를 타기 전에 정구왕의 거처에 들르곤 했다. 정구왕은 북한 해군에 건넬 뒷돈을 자신의 공작금에서 빼내 대줬다. 그런 대가로 장세영은 북한 해안경비대의 동향을 자세하게 보고했다.

긴밀한 관계를 유지하며 1년쯤 지난 어느 가을날, 장세영은 북한 해군 장령(한국의 장성급) 귀순 얘기를 흘렸다.

**뇌물을 챙기는 북한 해안경비대 군관이 '망명하려는 인민군 장령이 있는데 나와 함께 빼줄 수 있겠느냐'고 문의해 왔다.**

그의 정보를 토대로 본부에도 보고했더니 긍정적인 반응이 나왔다. 망명 작전을 비밀리에 추진하기로 했다.

공작의 세계는 비정하다. 현지인 휴민트에게 아무런 문제가 없을 때는 유용한 인적 자산이다. 그러나 휴민트 자신의 신변에 위험이 닥치면 가장 위험한 존재로 돌변한다. 배신 확률이 100%라고 해도 지나치지 않다. 정의감이나 사명감이 아닌 돈벌이가 목적인 휴민트는 자기가 살기 위해 공작관을 팔아먹는 일도 서슴지 않는다.

## 미끼로 던진 수상한 선물과 편지

망명 공작을 추진하던 중 장세영은 "장령을 탈북시키려는 북한군 해안경비대 간부가 보낸 편지와 선물"이라며 전달했다. 선물은 고급 포장지에 포장된 인삼주였고, 고급 지질의 편지지에 손글씨로 쓴 편지가 동봉돼 있었다. 대략 이런 내용이었다.

**선생(정구왕)이 제안한 사업은 빠르게 진행되고 있으니 그쪽에서 문제가 생기지 않게 잘 준비하길 부탁한다. 장령의 인적 사항은 보안상 시행 임박 시에 알려주겠다.**

정구왕은 이상한 점을 발견했다. 해안경비대 간부는 남성이었다. 그런데 편지 글씨가 북한 여성의 필체와 흡사했다. 간혹 북한 식당에 가서 여 복무원에게 부탁해 받았던 노랫말 가사 글씨와 모양이 유사했다. 북한 해안경비대의 열악한 선상 근무 환경을 고려했을 때 고품질 편지지, 여성 필체, 선물용 고급 인삼주와 포장지는 어울리지 않았다.

**의심하고 검증했어야 했어요. 그러지 못했습니다. 적들의 유인 공작에 실마리를 제공하는 결정적인 실수를 범했던 거지요.**

## 한 건 욕심에 낚여

모든 비밀작전 수행 시에는 휴민트의 역용(逆用) 여부를 경계하는 게 공작의 철칙이다. 정구왕은 북한 보위부에서 벌인 유인 공작에 대한 검증에 소홀했다. 작전 진행 상황을 보고받은 정보사 본부 조직도 걸러주지 못했다. "한 건 잡겠다"는 의욕과 욕심이 앞서 정구왕과 본부의 판단력은 잠시 마비됐다.

결국 변절한 장세영은 북한의 유인 공작에 편입됐고, 그들이 흘린 가

KOREA GINSENG SAEYOUNG IND. CO., LTD.

OFFICE : RM. 506, MIJIN BLDG. 116-2, SAMSUNG-DONG, KANGNAM-KU,
        SEOUL. KOREA 135-090
FACTORY: 363-1, KASAN-LI, SUNGJANG-MYUN, ASAN, CHOONGNAM, KOREA
TELEPHONE: (02) 553-4675~6        FAX: (02) 563-9443

확 인 증

1999년 7월 9일 부터 개별원 인정증명서는
기하의 국적 양노음 및 사임음 외에는 사용
되지 않음을 확인함

1999년 7월 9일

代表理事

1999년 7월 정구왕 전 정보사 중령이 고려인삼세영산업에 써 준 확인증. 단둥지사장으로 위장하기 위해 보유한 1500만 원 상당 주식이 사용되지 않음을 확인해 주는 증서다. 북한의 추적을 따돌리기 위해 주식 보유는 물론 급여 서류까지 꾸며야 했다.
ⓒ 정구왕

짜 첩보에 정구왕은 낚였다. 망명 공작, 선물과 편지는 정구왕의 정보사 흑색 요원의 신분을 확인하기 위한 미끼였다. 정구왕은 3개월 뒤인 1998년 3월 자신의 거처에서 장세영과 함께 있다가 북한 요원으로 추정되는 괴한들의 난입과 격투 끝에 납치됐다.

장세영이 뇌물을 주며 불법으로 고기를 잡다가 북한군에게 잡히고, 거기서 빠져나오는 대가로 정구왕의 신분을 노출한 것으로 정구왕은 추정한다. 북한에 억류돼 조사를 받을 때 반탐 조직은 유독 장세영에 대해서만 언급이 없었다는 점은 정구왕의 심증을 굳히게 했다.

## 미인계에 빠진 일탈이라는 왜곡

그런데 정구왕 납치사건은 왜 국내에서 미인계에 빠진 일탈 사고로 알려졌을까. 정구왕이 평양에 끌려가 억류된 시점에 국내 언론은 '정병준(정구왕의 가명)씨가 평양 출신 화교 여성과 사귀었고, 그의 실종 뒤 여성도 자취를 감췄다'는 식으로 일제히 보도했다. 누군가 사건을 왜곡된 방향으로 잡고 설명해 주지 않았다면 알아낼 수 없는 내용이었다.

일부 언론이 조선족이라고 언급한 여성은 리계향이다. 정구왕은 그녀와의 우연한 만남과 그녀 형제들을 활용한 공작을 꾀하려 했던 시도가 여성 문제로 와전된 것이라고 주장한다. 납치 사건 직후 단둥 현지에 급파된 정보사 본부 진상조사팀은 '배신자' 장세영의 입에 의존해 사건을 파악했다고 한다. 범인이 사건을 엉터리로 꾸미고 은폐하는 데 우리 조직이 놀아난 셈이었다. 도대체 리계향이 누구이길래 그렇게 속아 넘어갔는지 설명할 필요가 있겠다.

# 스파이 본능에 만난 리계향

## '답정너 수사' 모멸 준 수사관

'정구왕의 평양 피랍'은 묘령의 여인과의 치정 사건으로 둔갑해 국내에 26년 동안 알려졌다. 정구왕이 평양에 끌려가 온갖 고초를 겪던 1998년 4월 국내 언론은 일제히, 그리고 똑같이 보도했다. '정병준(정구왕의 가명)씨가 평양 출신 화교 여성과 사귀었고, 그의 실종 뒤 여성도 자취를 감췄다'는 식이었다.

이런 '사실상의 오보'가 팩트처럼 굳어졌다. 치정(癡情)에 얽힌 사고라는 뉘앙스를 누군가가 흘렸고, 언론은 그대로 받아들였다. 정구왕이 공작 수행하던 중 벌어진 휴민트의 변절과 배신, 북한의 납치라는 팩트는 오간 데 없었다.

리계향. 국내 언론에 언급된 의문의 화교 여성 이름이다. 국군 정보 사 중령으로 단둥의 블랙 요원인 정구왕은 1996년 12월 24일 기차에 서 20대 중반의 그녀와 우연히 만났다. 그날 선양에 거주하는 한인 송 년행사가 있으니 참석해 달라는 인테리어 사업자 정 사장 부탁으로 기 차를 탔다. 단둥에서 4시간 정도 걸렸다.

열차 복도의 화장실 앞에서 기다리던 그녀가 "먼저 사용하세요"라고 양보했다. 반듯한 서울 말씨였다. 일을 본 뒤 계면쩍게 가벼운 목례를 했다. "제가 좀 급했던 것 같네요. 미안했습니다"라고 인사를 하니 그녀 는 "괜찮아요"라고 가벼운 미소로 응대했다. "서울말을 잘하시네요"라 고 하니 "선양에 한국 친구들이 꽤 있어서 억양을 빨리 배웠어요"라고

정구왕이 2024년 10월 서울 용산구 전쟁기념관에 전시된 북한의 미그기에 대해 설명 하고 있다. 그는 귀환 시 함경북도 어랑비행장(청진공항) 활주로에 옛 소련제 미그 전투 기 10여 대가 펼쳐져 있던 모습을 봤다. ⓒ장진영

답했다. 정구왕은 '고려인삼세영주식회사 단둥지사장'이라고 적힌 명함을 그녀에게 건넸다.

## 여성과의 치정 사건으로 둔갑

그 후 정구왕은 리계향과 단둥에서 재회했다. 사무실 인근에 그녀의 집이 있었고, 북한 출신의 정보원으로 활용할 가치가 있을 듯했다. 자신을 배신하고 북한에 넘긴 휴민트 장세영을 비롯해 협조자들에게도 인맥 구축 차원에서 리계향을 소개했다. 정구왕은 정보사 관계자들과의 자리에서도 리계향을 인사시켰다. 그녀를 통한 공작 가능성을 암시했다. 그는 취재팀에게 고백했다.

**그녀가 현지 생활에 안정감을 줬다는 점을 부인하지는 않습니다. 매력적인 여자였지만 거기까지였지요. 내가 그녀를 통해서 할 분명한 공작 임무가 있었어요. 정보사 사람들에게 소개한 것을 지금도 후회하고 있습니다. 내 피랍 사건을 미인계로 왜곡하는 원인을 제공한 측면이 있지요.**

## 오빠 포섭해 북한 고위층 접근

북한 신의주 출신 리계향은 아버지가 중국, 어머니가 북한 출신이다.

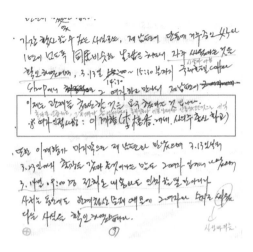

정구왕 전 정보사 중령이 피랍된 지 두 달 뒤인 1998년 5월 그의 부인이 작성했다
는 탄원서. 정 전 중령은 이 탄원서가 부인이 아닌 정보사 요원이 썼을 것이라고
추정하고 있다. 필체와 용어가 다르기 때문이다. 그는 귀환 이후 빨간 펜으로 사실
과 다른 부분을 적었다. ⓒ정구왕

그녀에게 친오빠 셋이 있다. 북한에선 화교로 불렸다. 화교 신분을 활용
해 합법과 불법의 경계를 넘나들며 큰돈을 쥐었다. 큰오빠는 신의주에서
면세점을, 단둥에서 식당과 노래방을 운영했다. 둘째와 셋째 오빠는 중국
의 생필품을 싸게 사들여 북한에 웃돈을 받고 팔았다. 일종의 밀수였다.

　한두 푼으로 포섭될 인물들이 아니었다. 포섭에 성공하면 전주(錢主)
와 가까운 북한의 권력층에 접근할 수 있다고 봤다. 정구왕의 회고다.

**리계향의 가정환경과 형제 직업이 파악되니 '꾼(스파이)'의 본능이
살아났습니다. 공작으로 연결할 기획을 추진하기로 했지요.**

# 북핵 모래 수입 시도

1998년 초 그는 북한의 모래를 대량으로 수입해 한국으로 보내는 사업을 구상했다. 분당·일산 등 신도시 건설로 모래 수요가 많던 시절이었다. 당시 정보사 후배 요원이 단둥에 출장을 와서 정구왕에게 한 말도 자극이 됐다. 후배는 "지금 본사(정보사 본부)는 북한의 핵 개발에 관한 첩보를 입수하는 게 초미의 관심이다. 영변 핵 시설 일대의 모래를 수거해오면 핵 개발 단서를 잡는 공을 세울 수 있다"고 귀띔했다.

그해 중국 춘절(春節·음력설)이 지난 2월께 정구왕은 리계향의 막내오빠를 접촉해 사업 얘기를 꺼냈다.

**북한에서 모래를 퍼다 한국에 팔면 어떻겠소.(정구왕)**
**신의주 가까운 곳 하천에서 모래 한 포대 정도 샘플로 가져올 수 있소. 어렵지 않으니 해봅시다.(리계향 오빠)**

흔쾌히 동의를 끌어낸 정구왕은 서울의 협조자인 '김 사장'에게 한국의 건축용 모래 시세와 수입에 관해 알아보게 한 뒤 단둥으로 와달라고 부탁했다.

모래 사업이 성공한다면 북한에 인적 네트워크를 가진 리계향의 첫째 오빠에게 자연스럽게 접근하고, 북한 노동당 고위층과 군 간부로까지 침투할 수 있다고 판단했다. 그런 사업이 무르익던 중 정구왕의 휴민트 장세영의 밀고와 배신으로 인해 정구왕은 덫에 걸려 피랍됐다. 정구왕의 구상은 한순간에 물거품이 됐다.

피랍 사건 직후 리계향은 북한 신의주로 도피했을 것으로 추정한다. 정구왕이 북한 병원에서 치료를 받는 동안 북한 반탐 조직이 단둥 소식을 매일 전해줬다. 정구왕은 "내 사고 소식을 접하고 '시끄럽게 될 수 있으니 우선 피하는 게 상책이다' 싶어 피신했을 가능성이 크다"고 했다. 리계향이 단둥에서 자취를 감춘 선택은 북한 입장에서 쾌재를 부르게 했다. 모든 의혹이 그녀 쪽으로 쏠리는 상황이 자연스럽게 만들어졌기 때문이다.

정구왕 전 정보사 중령이 중국 옌지에서 단기 어학연수를 받을 당시 같은 지역에서 한국인 목사가 북한으로 납치됐다는 소식을 알린 중앙일보 1995년 10월 27일 1면. 안승운 목사는 끝내 귀환하지 못했다. 피랍 직전인 1994년 안 목사가 안기부 직원들과 북·중 국경지대에서 함께 찍은 사진이 2005년 공개되기도 했다. ©중앙포토

당시 북·중 접경지대에서 활동하던 스파이들은 적(敵)의 피습이나 휴민트의 역용 공작에 항상 대비해야 했다. 정구왕이 1995년 6~8월 단기 중국어 연수를 받던 중국 옌지에선 한국인 목사가 북한군에 납치되는 사건이 있었다. 목사는 영영 돌아오지 못했다. 취재팀은 정구왕이 블랙 요원으로 활동하던 시절의 상황을 알아보기 위해 북한의 국가보위성에 근무했던 탈북민을 접촉했다.

2021년 북한에서의 생활과 탈북 과정을 담은 『거품』이라는 책을 낸 구대명은 2016년 한국으로 망명한 뒤 최근엔 미국에서 생활하고 있다. 그는 1998년부터 2008년까지 보위성 국장급 운전기사로 근무했다. 구대명은 취재팀과의 통화에서 증언했다.

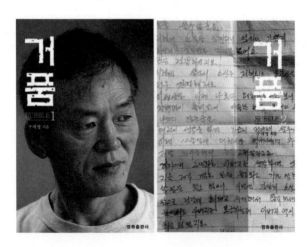

2016년 탈북한 구대명이 2021년 펴낸 『거품』 표지. 1998-2008년 북한 국가보위성에서 국장급 운전기사로 일한 경험이 담겼다. ⓒ명화출판사

북한도 한국과 마찬가지로 중국 단둥이나 심양에 사는 조교(朝僑·차오차오·조선 교포)를 포섭해 휴민트 또는 스파이로 씁니다. 탈북했다가 한국에 정착한 뒤 다시 북·중 국경지대에서 사업을 하는 탈북민을 포섭하려다 그만둔 경우를 본 적도 있습니다. 북한이 사람 한 명 납치하는 일은 그때 당시 큰일이 아니었습니다.

구대명에 따르면 국가보위성은 1국은 종합, 2국은 국내 반탐, 3국은 해외 반탐, 4국은 중앙 기관 담당 등 총 17개 국으로 나뉘어 있다. 해외 반탐국은 외화가 모이는 곳이라 노른자 부서라고 했다. 정구왕도 "나를 조사하던 반탐과장이 영국 담배 로스만을 피우고 나에게도 건넸다"고 말했다.

해외반탐국은 1처는 중국, 2처는 러시아, 3처는 유럽, 4처는 사건 담당 등 6개 처로 구성된다고 한다. 취재팀은 정구왕을 조사한 반탐과장과 가장 유사하게 생긴 한국 남자 배우 사진을 정구왕에게 받은 뒤 구

정구왕이 집중 신문을 받았던
선물배급소와 가까운 평천구역

대명에게 보여줬다. 어깨가 벌어진 풍채가 좋은 남성으로 머리는 W자로 기름칠을 발라 모두 뒤로 넘긴 스타일의 사진이었다. 구대명은 "당시 해외반탐국 4처의 부처장과 매우 흡사하다"고 답했다.

이번에는 "정구왕과 평양에서 마지막 밤에 도토리술을 나눠 마신 '부장'이란 사람은 왜소한 체구의 금테 안경을 썼다"며 신원 확인을 부탁했다. 구대명은 "그 사람은 4처장이고, 처장과 부처장이 같이 움직인 게 맞다"고 말했다. 정구왕에게 1998년 당시 자신을 65세라고 소개한 4처장은 북한에서 대학 총장과 보위성 소속 문서실 고문을 지낸 뒤 은퇴했다고 한다.

## 북한 적발된 휴민트를 이중스파이로 역이용

정구왕은 그가 집중 조사를 받은 숙소가 평양의 화력발전소가 가까이 보이는 곳이라고 했다. 화력발전소 연기가 불어오면 숙소 베란다 바닥에 검은 알갱이가 싸라기눈처럼 깔렸다. 구대명은 "4처는 공작부서로 국가보위성 청사와 별개로 위장해 평천구역에 사무실을 두고 사용했다"고 전했다. 평천구역은 평양 시내 중심부에서 대동강과 보통강이 만나는 곳에 있다. 평천구역 안에는 평양 화력발전소가 운영되고 있다.

피랍 직후인 1998년 4월 정구왕이 북한의 병원에서 치료 중일 때 반탐과장이 상의 주머니에서 서류 한 묶음을 꺼내 흔들어 보였다. 그는 "조국에 나쁜 짓 하러 들어온 놈들이 소지하고 온 연락문(지령문)들이다. 우리는 나쁜 놈들이 원하는 것을 모른 척 가져가게 둔다"며 묘한 웃음을 지었다. 대한민국 공작관들이 포섭해 북한으로 침투시킨 휴민트를 색출하면 곧바로 처벌하지 않고, 이중간첩으로 위장시켜 역용한다는 의미다.

정구왕의 신분을 노출시키고 납치하게 만든 배신자 장세영도 이런 과정에서 북한 반탐 조직에 역용됐을 개연성이 크다. 중국에 파견된 블랙 요원들은 이런 북한의 공작 전술을 노련히 피해야 하고, 사소한 실수라도 범하면 목숨이 달린 변고를 당하는 운명이었다. 정구왕은 장세영과의 관계에서 검증을 소홀히 한 탓에 북한에 끌려가는 수난을 겪었다.

## "리계향과 동거했냐"… 모멸적 질문

1999년 기무사 조사 상황으로 돌아가자. 기무사는 정구왕에게 북한의 반탐과장 얼굴을 그려보라고 했다. 학교 다닐 때 데생에 소질이 있었다. 30분 정도 그린 스케치를 제출했다. 기무사 수사관은 조사실 건물에 마련된 사우나실로 정구왕을 데려갔다. 고문 흔적이 있는지 직접 눈으로 맨몸을 확인하려는 듯했다.

조사 과정에서 수사관은 "이런 식으로 하면 검찰에 기소하겠다"며 으름장을 놨다. 무슨 혐의인지 설명은 안 했지만, 북한에 군사 비밀을 유출한 혐의로 기소할 수 있다는 사실상 위협이었다. 갈등의 절정은 정보사에서 왜곡된 방향으로 사건을 이끌었던 리계향에게 있었다. 수사관은 리계향과의 관계를 집요하게 물고 늘어졌다.


**리계향과 일주일에 몇 번 정도 만났느냐?**(수사관)

**자주 볼 때는 2-3번 정도 얼굴을 마주친 것 같다.**(정구왕)

**어디서?**(수사관)

**보통 리계향 집이었다. 그녀 오빠들과의 사업도 얘기하고 지인으로서 가벼운 대화를 나누는 수준이었다.**(정구왕)

**그럼 동거를 한 거네!**(수사관)

**그게 어떻게 동거인가. 친하게 지낸 건 맞지만 내 집이 있고 그녀 집이 따로 있는데….**(정구왕)

**일주일에 2-3번 만나면 그렇게 본다.**(수사관)


정구왕은 속으로 '맘대로 하세요'라고 단념했다. 설명하고 설득하려 해봐야 소용이 없었다. 이미 치정에 얽힌 불미스러운 사건으로 단정한 느낌이었다.


## 남북 모두 '답정너' 조사

답을 정해 놓고 하는 조사는 북한에서도 비슷하게 경험했다. 북한 반탐에서 조서를 내밀면서 "읽고 서명하라"고 했다. 내용에는 '정구왕이 북한에 불법 잠입했다'는 표현이 적혔다. "거기는 중국이지 북한 영토가 아닌데 어떻게 잠입이냐"고 물으니 "우리는 그렇게 본다"는 답이 왔다. '이게 나한테 무슨 의미가 있겠느냐'고 체념한 뒤 자포자기의 심정으로 서명했다.

기무사의 젊은 간부는 "나도 돈만 있으면 북한 군사 자료 많이 가져오겠는데"라며 빈정거리기도 했다. '휴민트를 포섭하고 새로운 공작 루트를 개발하는 게 얼마나 피 마르고 어려운 과정인지 당신들은 과연 상상이나 할 수 있을까. 말이면 다인가'라는 외침이 입 밖으로 튀어나오려 했다. 끓는 분노를 삭였다.

"노동당에 가입했느냐"는 질문도 빠지지 않았다. "북한에서 가입 의사를 묻지 않았다"고 답했다. 북한은 대남공작원을 파견할 때 노동당 가입을 시킨 뒤 투입한다. 1990년과 1995년 두 차례 북한에서 남파된 공작원 김동식은 취재팀에 "남조선 혁명가(남파간첩의 북한식 호칭)가 되려면 노동당원증을 받아야 한다"고 말했다.

## "거짓말탐지기 태우겠다" 압박

기무사와 안기부에서는 김동식과 최정남·강연정 부부간첩(1997년 10월 검거) 등 잇따른 남파간첩 검거로 이런 사실을 꿰고 있었다. 기무사 수사관은 "거짓말탐지기를 태우겠다"고 했다. 정구왕은 "얼마든지 하라"고 맞받았다. 모멸감을 느꼈지만 어쩔 수 없었다. 거짓말탐지기 검사 결과는 문제 없이 나왔다.

블랙 활동 당시 매월 활동비 사용 내역을 대라고 했다. 마음이 오히려 편했다. 활동비 내역이 소명되면 여자 문제로 인한 납치 사건이란 오해를 벗어날 수 있었다. 정구왕은 1998년 3월 피습 직전까지 매달 활동비로 7000~1만 2000달러를 받았다. 1000만 원이 넘는 거금이었다.

영수증 없이 처리할 수 있는 개인 활동비는 2000달러였다. 대개 사업비로 투입했다. 영수증은 없었지만 사용 내용과 구체적인 정황을 설명했다. 정보사 선후배 요원이 공작 성과 비결을 물을 때 "욕심부리지 말고 공작원과 정직하게 신뢰를 쌓으면 투자한 만큼 나온다"고 조언한 적도 있었다.

## 피랍 이후 286일 만의 귀가

기무사 조사가 끝나고 성탄절 전야인 12월 24일에 집으로 돌아왔다. 중국 단둥에서 3월 13일 피습된 지 286일 만의 귀가였다. 첫째가 아직 초등학생일 때였다. 출장에서 돌아온 것처럼 행동했다. 아이들은 13년이 지나고 성년이 된 뒤에야 아버지의 사고 사실을 알게 됐다. 조직의 선후배, 동료들은 불이익을 받을까 봐 정구왕에게 안부를 묻거나 만나지 않는 분위기였다. 출근할 곳도 마땅히 없었다. 자택 대기 생활이 몇 달씩 이어졌다.

당시 정보사는 정구왕을 전역시키기로 방침을 정했다. 그러나 북한에 포로로 잡힌 뒤 8개월을 견뎌내고 천신만고 끝에 살아 돌아온 공작

장교를 강제 전역시키는 건 무리가 있었다. 자칫 정구왕이 반발해 소송전으로 번질 수 있었다. 또 세상에 피랍과 귀환 사실이 유출된다면 김대중(DJ) 정부 초기 남북 화해 분위기에도 찬물을 끼얹을 수 있었다.

정구왕은 "당시 천용택 국방부 장관이 '전역시키고 군무원으로 전환 조치하라'고 지시했고, 이종찬 국정원장도 나를 상당히 못마땅하게 평했다는 소식을 전해 들었다"고 했다. 정보사는 회유와 압박을 가했다.

# "1998년 3월 13일, 나를 죽였다"

## 정구왕은 배신자 얼굴 깠다

배신자 장세영을 이스라엘 정보기관 모사드가 하는 방식처럼 한국으로 강제 연행해 법의 심판을 받게 했다면 어땠을까요. 모사드의 기준으로 보면, 자국의 정보 요원을 적(敵)에게 팔아넘긴 반역자이기에 암살이라도 감행하며 응징했을 겁니다.

정구왕 전 정보사 중령은 녹슨 스테이플러(찍개) 침으로 묶인 4장짜리 필름 카메라 사진을 건넸다. 정구왕이 북한 반탐조직에 피습당하도록 공모한 정구왕의 휴민트이자 배신자 장세영(1998년 당시 30세)의 사진이다.

사진 오른쪽 아래에 '97년 8월 1일'이라는 주황색 날짜가 쓰여 있었다. 사진 뒷면에는 '1998. 3. 13. 저녁' '와신상담' 'Kill me!(나를 죽였다)'라는 글씨가 볼펜으로 적혔다.

정구왕은 1996년 10월부터 1998년 3월까지 중국 단둥에서 공작 임무를 수행하면서 포섭했던 다른 휴민트의 신상정보는 일부 가려 달라고 요청했다. 중국에 있는 그의 과거 조력자들이 피해를 볼 수 있기 때문이다.

하지만 장세영의 실명과 사진 노출에 대해서는 거리낌이 없었다. 우리 정보기관이 장세영을 현지에서 붙잡거나 공개 수배해 한국으로 강제 송환한 뒤 책임을 물었다면 진실이 드러났을 것으로 정구왕은 본다. 1999년 5월 군 전역과 이후 2017년 6월 군무원으로 퇴직할 때까지 숨죽이며 지내왔던 침묵과 굴곡의 18년은 다른 시간이었으리라.

이스라엘 모사드는 1972년 뮌헨 올림픽에서 팔레스타인해방기구(PLO) 계열 과격단체가 자국 선수 11명을 살해하는 사건이 벌어지자 보복 작전을 개시해 관련자들을 암살했다. 2024년 9월에는 이스라엘과 무력 분쟁 중인 레바논 무장정파 헤즈볼라 조직원들이 지닌 무선호출기(삐삐) 수천 개가 동시에 폭발해 최소 12명이 숨지기도 했다.

평양에서 탈출한 정구왕이 한국으로 귀환한 1998년 11월은 김대중(DJ) 정권 초기로 햇볕정책을 내걸면서 남북 화해 무드가 조성되던 시기였다. 중국 국적의 장세영을 한국 정보기관이 국내로 강제 연행하는 '도발'은 상상하기 어렵다. 정구왕 사건을 없던 일로 조용히 덮으려는

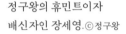

정구왕의 휴민트이자
배신자인 장세영.ⓒ정구왕

1972년 뮌헨 올림픽 당시 이스라엘 체조 선수
단을 억류하고 학살한 팔레스타인 무장단체
'검은9월단' 대원의 모습.ⓒ중앙포토

분위기가 지배적이지 않았을까 추정될 뿐이다.

　당시 정보사는 정구왕의 실종 직후 장세영을 앞세워 사건 현장을 조사함으로써 사건의 실체를 제대로 파악하는 데 무능했고, 장세영을 이용해 납치 사실을 숨기려는 북한의 기도에 순진하게 넘어갔다. 그리고 거점 지역에서의 문란한 사생활이 실종 원인을 제공했다는 섣부른 결론을 내렸다.

　귀환한 정구왕이 안기부(현 국정원)와 기무사(현 국군 방첩사령부)에서 조사를 마치자 '(정구왕 사건) 수사 과정에서 북으로부터 역용된 것으로 밝혀졌다'는 식의 보도가 언론에 흘러나왔다. 정구왕에게 회유와 압박을 가했다. 희망 전역을 종용했다. 군무원 3급 자리를 주겠다고 했다. 3급 군무원은 군인으로 치면 중령에서 대령급 부서장에 준하는 직책이다.

전역이라는 채찍과 함께 주는 당근이었다. 군무원을 하면 60세까지 정년을 보장받을 수 있다. 진급이나 업무에 대한 스트레스도 상대적으로 적은 자리였다.

당시 그의 군 생활은 18년 6개월째로 들어가고 있었다. 군인 연금은 군 복무를 1년 더 해야 받을 수 있었다. 그런데도 전역을 강요했다. 그는 속으로 "이제 아내와 아이들을 위해 살아야겠다. 너무 많은 고생과 눈물만 줬다"고 생각하며 희망 전역서를 썼다. 흐르는 눈물을 주체하기 어려웠다. 쫓겨나듯 숙소에서 나와 5000만 원의 전세 지원금을 받고 민가로 옮겼다.

정구왕 전 정보사 중령이 2024년 10월 서울 용산구 전쟁기념관에서 거수경례를 하고 있다. ⓒ장진영

## 귀환 6개월 만에 '희망 전역'

1999년 5월 전역해 그해 11월부터 군무원 생활을 시작했다. 경기도 과천 청계산 자락에 있는 정보사 연구단에 40세에 3급 부이사관이란 직급으로 들어갔다. 조직의 선후배와 동료들은 불이익을 받을까 봐 정구왕 만나기를 원치 않는 분위기였다. 군에서 고참이었던 선배들이 3급보다는 아래인 4~5급에 들어온 경우가 많았다. 과거 공작 임무를 같이했던 요원들과 점심시간에 마주치는 것조차 불편했다.

정신적 충격이 컸다. 무엇을 위해 살아가야 하나. 삶의 목적이 없어졌다. 밤잠을 못 이뤘다. 정구왕은 스트레스를 잊기 위해 평일 체력 시간에는 조깅을 했고, 수요일 전투체육 시간에는 등산을 했다. 퇴근 버스를 타면 졸다가 집으로 가서 저녁을 먹고, 다음 날을 맞이했다. 쳇바퀴처럼 돌아가는 일상의 연속이었다. 지능지수가 낮지만 헌신적으로 국가를 위해 봉사한 군인을 그린 미국 영화 '포레스트 검프'의 주인공처럼 자신이 느껴졌다. 그는 "시간만 나면 걷고 뛰었다. 그래야 숨 쉴 수 있을 것 같았다"고 전했다.

2005년엔 군무원 직급이 3급 별정직에서 4급으로 하향 조정됐다. 정보사가 99년 정구왕에게 군무원 자리를 처음 제안했을 당시에는 '5년 근무 뒤 직급 하향 조정'이라는 조건은 없었다. 월급이 100여만 원 깎였다. 그는 "처음 군무원 자리를 제시했을 때 '5년 뒤에 직급이 내려간다'는 조건을 알려줬으면 받지 않았을 것이다. 조직도 그게 시끄러워 일

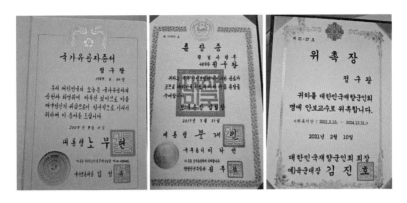

정보사에서 군무원 퇴직 때 받은 국가유공자증서와 훈장증. 퇴직 이후에는 2019년 대한민국재향군인회 안보교수로 2년 동안 활동했다. 같은 기관에서 2021년부터 3년 동안 명예 안보교수로 재위촉됐다(제일 오른쪽). ⓒ정구왕

부러 숨겼을 가능성이 있다"고 했다.

## 군무원 3급에서 4급으로 직급 하향

직급 하향 당시 항의하기 위해 사령부 편제를 담당하던 처장에게 찾아갔다. 처장은 "조직을 봐줄 수가 없겠느냐"고 말했다. 정구왕은 "조직이 개인을 봐줘야지, 개인이 조직을 어떻게 봐줍니까"라고 맞받아쳤다. 군 법무관 출신 변호사가 "말도 안 되는 소리다. 행정소송을 하라"고 권유했다. 하지만 기약할 수 없는 기나긴 소송에다 변호사 비용이 부담돼 포기했다. 거대한 군 조직을 상대로 한 개인의 싸움은 계란으로 바위 치기와 다를 바 없었다.

정구왕은 "4급 하향안을 거부하고 퇴사한 뒤 소송을 하면 생계 대책이 없었다. 더는 가족들에게 고통을 주고 싶지 않았다"고 말했다. 방송 프로그램 '동물의 왕국'에서 보던 야생 사자 무리가 생각났다. 부상을 당한 사자는 쫓아내 무리를 보호하는 게 야생의 본능이다.

**인간 조직은 사자 무리와는 달라야 합니다. 이런 조직이 국가가 위기에 빠졌을 때 과연 목숨 걸고 나라를 구할 수 있을 것인지 의문이 들었습니다.**

2006년엔 교통사고를 당했다. 출근길 신호 대기 중에 다른 차로 인해 추돌사고가 났다. 병원에 가서 허리와 목 부위 X선을 찍었는데 의사가 "아래턱 왼쪽 주변에 파편 같은 게 좁쌀처럼 수없이 박혀 있는데 이게 뭐냐"고 물었다. 그는 "외국에서 다쳐서 수술을 받았다"고 둘러댔다.

검사 화면에 좌우 턱선 부분에 작은 점들이 헤아릴 수 없을 만큼 보였다. 왼쪽 귓불 앞부터 입꼬리 주변까지 얼굴 피부가 찢어져 북한에서 받은 수술 흔적이 그날따라 크게 보였다. 의사는 "파편들이 침샘을 건드렸으면 문제가 심각할 텐데 다행히 아닌 것 같다"고 말했다.

## 국가유공자 심의 신청

이 사고를 계기로 국가보훈처에 국가유공자 심의를 신청하게 됐다.

처음엔 육군에 상이 국가유공자 심의 절차를 밟았다. 상이(傷痍) 유공자는 공로 과정에서 몸을 다쳐 일상생활이 어려운 유공자를 말한다. 결과는 기각이었다. 치료받은 근거 등 증명할 수 있는 것이 없었기 때문이다. 정구왕은 "평양에서 수술받은 어은군인병원에 전화해 진료 기록을 보내달라고 요청할 수도 없는 노릇이라 황당했다"고 말했다.

'HID 유족동지회' 등 북파공작 특수임무 수행자 단체들은 2002년 무렵부터 서울 광화문 앞에서 가스통으로 무장한 채 국가 보상을 요구하는 시위를 벌였다. 정부는 2005년 특수임무 수행자 보상심의위원회를 국무총리 산하로 마련했다. 2007년께 정보사 내 별도로 보상심의위원회가 설치됐다.

정보사 선후배·동료 요원으로부터 인우보증(隣祐保證·주변 사람이 어떤 사실에 증인을 서주거나 확인해 주는 것) 형식으로 서류를 작성해 심의를 재신청했다. 당시 정구왕의 3사관학교 훈육 장교였던 국가청렴위 소속 H 부이사관이 결정적인 도움을 줬다. 그는 사연을 듣고 "세상에 이런 경우가 있나. 근거가 부족하다고 방치하는 건 말이 안 된다"고 말했다. 그러면서 그와 육군사관학교 동기인 정보사령관에게 사정을 설명했다. 사령관은 정구왕이 특수임무 수행자 보상 심의에 절차를 받을 수 있도록 지시를 내렸다.

2007년 9월 상이 국가유공자로 지정됐다. 직급 하향으로 인해 내려간 연봉도 각종 보훈 혜택으로 보전됐다. 그는 "하나를 잃으면 다른 하나를 주는 게 하늘의 섭리인가 싶었다"고 말했다.

다만 전상(戰傷)이 아닌 공상(公傷)으로 유공자 인정을 받은 데 대해 아쉬움이 남아 있다. 전상은 적과의 교전 등 전투나 작전 상황에서, 공상은 교육·훈련과 같은 공무 수행 중에 생긴 상이를 뜻한다. 그는 피습 당시 격투로 두개골 앞쪽과 옆쪽이 함몰되는 상처를 입었다. 얼굴 흉터 때문에 사회생활에 여전히 지장을 받고 있다.

공작이란 전시(戰時)와 평시(平時) 구분이 없는 총성 없는 전쟁이다. 북한을 상대로 한 공작의 특성상 전상과 공상의 경계선이 있을 수 없다. 혜택의 차이보다 명예의 문제였다. 과연 내가 부대에서 일상적인 근무 중에 다친 것인지 다시 묻고 싶다.

정보사 적전술 연구담당으로 근무하면서 2012년엔 국방대학원에서 안보학 석사과정 학위도 받았다. 논문 제목은 '김정일 체제하 선군정치

정구왕 전 정보사 중령이 2012년 국방대학교에서 받은 석사 학위기와 논문 표지.
ⓒ정구왕

연구'다. 선군정치하에서 북한군은 당을 제치고 최고지도자와 사회주의 체제 옹호를 위한 중심 기구 역할을 했다. 1998년 김정일의 국방위원장 취임과 함께 북한의 핵심 통치방식으로 정착했다.

그는 2017년 6월에 퇴직했다. 현역 군인으로 19년, 군무원 18년으로 군 생활을 마쳤다. 3사관학교 생도 기간까지 포함하면 39년을 군문에 있었다. 5월 31일이 마지막 출근날이었다.

정보사에서 전역하거나 퇴직하면 보통 내부 인트라넷에 글을 올려 선후배·동료와 인사를 나누곤 한다. 정구왕은 아무런 글도 남기지 않았다. 진실이 가려진 채 세상에 알려진 왜곡된 사건과 그에 따른 자신에 대한 부정적인 이미지가 부담됐다. 그는 "만약에 글을 남겼다면 '노병은 죽지 않는다. 다만 사라질 뿐이다'는 맥아더 장군의 퇴역사를 인용했을 것이다"고 했다.

정구왕이 직접 써 인쇄한 소량의 회고록 『못다 한 이야기』라는 제목을 단 책자는 아래와 같이 시작한다.

**이해관계의 시간도 충분히 지났다는 판단과 함께 이제는 내 이야기도 해야 할 때라는 생각이 섰다. 지난 26여 년간 그때그때 놓치지 않으려고 기록해 두었던 기억의 조각들을 꺼내 노트북 앞에 앉았다.**

정구왕은 납치 사건이 일어난 '1998년 3월 13일 금요일'을 표지에 표기했다. 회고록 마지막에 원고를 마무리한 날짜인 '2024년 10월

17일'을 적었다. 그 밑줄엔 자신의 영문 이름을 딴 'CKW'를 서명 대신 적었다. CKW는 지난 26년 동안 그의 피랍 사건 주위를 맴돌던 암호명 이기도 하다.

정구왕은 2024년 8월부터 취재팀을 만날 당시 "개인 부주의로 인한 미인계로 내가 사라졌었다는 오해를 풀고 싶다"고 말했다. 평양에서 탈출한 이후 그는 자신의 사건을 어디에도 공개하지 않았다. 자신에게 확인조차 없이 나오는 언론 보도에도 항의하지 않았다. 2017년까지 정보사에 몸을 담고 있었고, 퇴직 전 불이익을 받을 수 있다는 불안감이 그가 침묵한 이유다.

치열한 스파이전쟁이 벌어지던 북·중 국경 지대에서 대북공작관으로 청춘을 바친 정구왕. 그리고 그를 납치해 어설픈 이중간첩으로 만들

정구왕 회고록

어 남한으로 돌려보낸 북한. 주홍글씨가 박힌 회색인간을 만들어 한국 사회를 교란하기 위한 그들의 목적은 성공이었을까.

입을 굳게 닫아온 정구왕은 65세인 2024년 여름부터 자신의 지난 과거를 바로잡기 위해 세상에 나왔다. 기억하고 싶지 않은 시간들을 되살렸다. 사라졌던 노병이 북한 반탐과장과 수싸움을 다시 벌이기 위해 출정하는 기세도 느껴진다.

그는 회고록에 고통스러웠던 지난 시간을 회상하며 뼈 있는 말을 남겼다. 최전선에서 활약한 공작 장교의 납치사건을 홍등가 야담으로 변질시킨 과오가 시정되고, 이제라도 세상에 진실이 밝혀지길 바라는 간절함을 담았다.

**나는 정의롭고, 상대는 나쁜 사람이고, 조직은 정의롭지 못했다? 그게 아니다. 조직원이자 한 인간으로서 겪어야했던 마음의 깊은 상처를 치유받고 싶다. 정보사만큼 국가를 지키고 국민의 재산과 생명을 보호하는 첨단에 선 조직이 있는가? 개인의 소원을 수리하는 차원이 아니라 우리 조직이 환골탈태하는 계기가 되길 간절히 바랄 뿐이다.**

# 정구왕이
# 26년 비밀 푼 이유

## "목숨 건 스파이를 지켜달라"

국군 정보사령부 블랙 요원(비밀 공작관)이었던 정구왕 전 중령은 4개월에 걸쳐 취재팀과 수차례 만남과 대화를 가졌다. 그리고 2024년 11월 13일 서울 상암동 중앙일보 본사에서 동영상 대담을 진행했다. 동영상에는 긴박했던 북한 피랍 과정과 평양 억류 생활, 극적인 귀환 과정이 상세히 담겼다. 그의 굴곡진 스토리를 마치기에 앞서 그의 생생한 육성 증언을 통해 생사를 넘나들던 순간들을 세상에 남길 가치가 있었다.

우리는 그의 파란만장한 삶을 회한, 좌절, 소망의 세 단어로 압축하는 시도를 했다. 현역 국군 장교이던 그는 북한과 중국 국경 지역에 대북 스파이로 밀파돼 활동 중 북한에 납치됐다 탈출에 성공했다. 남북 스파이전쟁 역사상 초유의 이 사건은 지난 26년 동안 발설해선 안 되는 금기처럼 베일에 가려져 왔다.

회한. '북한에 납치된 정보사 현역 장교 스파이'라는 전대미문의 덫에 빠지게 된 운명을 그는 뉘우치며 한탄했다. 대북공작관으로서의 꿈이 허무하게 무너졌다. 26년 동안 피랍의 진실을 어디에도 호소하지 못한 채 가슴속에 담아왔다. '미인계' 운운하는 사건 왜곡에 대해 분노와 억울함을 홀로 삭여야 했다.

**배신자에게 역용됐습니다. 내가 포섭한 휴민트가 북한에 저를 팔아 넘긴 거지요. 북한에 잡힌 더러운 목숨이지만 살아 돌아가면 된다고 생각했습니다.**

좌절. 한 번 신분이 노출된 스파이는 영원히 현장에 투입될 수 없다. 공작장교로서는 그는 '죽은 목숨'이나 마찬가지였다. 군복을 벗고 회색인처럼 살아야 했다.

**불문율이라고 해야 할까요… 정보사 조직원들 누굴 만나도 제 얘기는 안 했습니다. 선후배든 동료든 제 납치 사건과 관련해 일절 물어보지 않았습니다.**

소망. 그는 이제 진실을 털어놓고 세상의 평가를 기다리며 마음의 평온을 되찾으려 했다. 싫든 좋든 지난날들을 숙명으로 받아들이고 과거와 화해하려 한다. 자신의 고백이 현장에서 목숨은 걸고 임무를 수행 중인 우리 스파이들을 재조명하는 기회가 되길 바라고 있다.

**공작관으로 임무를 성공적으로 수행하고 은퇴한 뒤 묵묵히 살아가는 분들에게 용서를 구한다. 공작관으로서 그런 길을 같이 못 간 게 죄송합니다.**

Q. 납치 상황은.

A. 1998년 3월 13일 금요일 중국 시각으로 오후 10시가 넘었을 거다. 내가 운영하는 휴민트가 돌아가겠다고 문을 열고 나가던 그 순간 밀고 들어왔는데 (5-6m 앞) 정도 되는 거리였다. 5-6명이 뛰어들어 오는데 앞장선 친구가 권총을 들고 있었고, 곧바로 싸움이 벌어졌다. 장세영(배신한 휴민트)이 그 옆에 서 있는 괴한한테 쪽지를 전달해 주는 걸 보면서 쓰러졌다. 사람이 이렇게 죽는구나 싶었다. 그러고는 의식을 잃었다.

Q. 난투극 상황에서 총으로 가격을 당한 것으로 보인다.

A. 처음에는 흉기에 맞은 줄 알았는데 나중에 가만히 생각해 보니까 총 자루로 가격을 당한 것 같다. 이마 쪽에는 아직도 권총에 미끌린 흔적이 있다.

Q. 정신이 되돌아왔을 때는 어디에 있었나.

A. 눈을 떠보니 김일성·김정일 사진이 보이더라. 중국 안가라면 어떻게 하든지 뛰쳐나가야 되겠다고 생각했다. 주변에 소리가 들리는데 유심히 들으니까 우리말이었다. 그때는 이미 압록강을 도강했고, 이른 새벽이었다. 해 뜨고 조금 춥다고 느껴지는 시간이었다. 자동차 짐칸에 실려 앞에 수갑 차고 무릎은 묶이고 얼굴은 수건으로 칭칭 동여맨 상태였다.


Q. 북한에서는 어떤 조사를 받았나.

A. (임무 정보가 담긴) 업무 노트를 (현장에서) 뺏겼다. 중국에서 접촉한 사람(휴민트와 협조자 등) 이름도 거기에 적혀 있었다. 북한 반탐(反探·대간첩 업무) 조직들이 노트에 나와 있는 이름이 가명이라며 믿지 않더라. 그래서 20~30명 정도 되는 (가짜) 이름을 전부 바꿔서 이야기했다. 그걸 밤새 외웠다. 이후로도 몇 날 며칠을 틈만 나면 되풀이해서 암기했다. 조사에서 그들이 되풀이해서 확인할지 몰랐기 때문이다.


Q. 구타나 고문, 또는 전향이나 회유 같은 것은 없었나.

A. 회유는 많았다. 직접적인 회유라기보다는 "우리 사회도 살 만하다. 살아봐라" "우리도 통일을 지향하니까 언젠가 처자식을 만날 거다" 이런 식이었다. '마음 바뀌면 어디서 근무하게 된다'는 식의

직접적인 제안은 없었다. 간접적인 협박도 있었다. "우리 사회는 고문이 없다"고 하더라. "우리는 배신한 놈은 지구 끝까지 쫓아가서 죽인다"라고도 했다. 국내에서 이한영씨와 러시아 블라디보스토크에서 최덕근 영사가 피습된 것을 봤기 때문에 그런 말이 나한테는 엄청난 압박으로 다가왔다.

(※김정일의 처조카 이한영은 한국에 귀순했으나 1997년 2월 15일 밤 북한이 보낸 괴한들에게 권총으로 피살됨. 안기부 소속 최덕근 영사는 1996년 10월 1일 러시아 블라디보스토크 주재 한국 영사관에 근무하던 중 북한 요원으로 추정되는 괴한들에게 테러를 당해 암살됨.)

Q. 중국에서 수행하던 공작은 왜 노출됐나.

A. 북한은 중국 단둥을 자기네 앞마당이라고 생각한다. 앞마당에 한국 정보사 블랙이 터를 잡으니 용납이 안 되는 것이었다. 1996년 말부터 장세영과 접촉해 1년 정도 지켜봤는데 정보원으로 쓸 만한 친구였다. 바다에서 고기잡이 선단(船團) 조직을 운영하면서 보호비 명목으로 돈 받고 북한 해안경비대에 뇌물을 주고 관계를 유지했으니 조건이 충분했다. 1997년 가을부터 본격적으로 그를 포섭하기 시작했다. 그러다 북한 해안경비대의 불시 점검에 걸렸을 때 나를 팔았다. 자기를 살려주는 대가로 "이 사람이 한국의 안기부(현 국정원) 요원 같다"며 제보한 거다. 장세영이가 그때부터 역용된 거다. 북한에서 조사받을 때 반탐의 얘기를 듣고 알게 됐

다. "장세영이가 물고기를 잡다가 우리한테 걸려서 너를 팔았다"
라고 했다.

Q. 북한에 탈출을 먼저 제안한 적이 있나.

A. 공작관들 사이에 이런 얘기가 있다. "임무 수행 중 총 맞아 죽든지,
아니면 붙잡혔을 때는 더러운 목숨 구차하지만 끝까지 살아 돌아
와 사실을 밝히고 책임질 것은 지면 된다"고. 당시 총 맞아 죽을 기
회는 놓쳤다. 포로가 되면 스스로 죽기도 참 힘들다. '더러운 목숨
끝까지 한번 가보자. 살아만 돌아가면 된다'고 생각해서 "당신들
을 위해 일하겠다. 내가 있던 자리 그대로 보내주라. 나도 장군 별
달고 싶다"고 했다.

Q. 반응이 어땠나.

A. 곧바로 대답도 안 하더라고. 몇 개월이 지나 그해 9월 반탐 과장이
저녁에 나한테 오더니 "탈출해서 나가는 거로 구상을 해보라"고
했다. 그렇게 위장 탈출 계획이 본격화됐다.

Q. 북한을 벗어난 때는 어떤 심정이었나.

A. 회령에서 국경을 넘기 직전 대기할 때 심정은 말로 다 표현하기
어렵다. 계속 기도만 했다. 북한 회령 출입국사무소에 대기할 때
반탐과장에게 어디에선가 전화가 왔는데, 그가 통화하고 오는 그

시간까지 기다리는 정신적 고통은 이루 말할 수 없었다. 하루아침에도 계획을 바꿀 수 있는 집단이다 보니 모든 게 물거품이 될 수 있었다. 반탐과장이 돌아온 뒤 차 시동이 켜질 때 '아 이제 가는 모양이구나'라고 다소 마음이 놓였다. '조선민주주의인민공화국'이라고 써진 여권을 북한에서 줬다. 국경을 넘어 중국 룽징에 오니 화려한 옷을 입은 중국 젊은 남녀들이 눈에 들어왔다. '이게 자유구나, 이제 살았구나' 싶었다.

Q. 북한에서 왜 풀어줬다고 생각하나.

A. 겉으로는 '우리 일 하라'는 거였다. 하지만 너무 허술했다. 한국에 와서 수사기관에서도 같은 질문을 받았다. "당신은 (북한이 풀어준 것에 대해) 어떻게 생각하느냐"고. 참 난감하더라. 북한에 이런 의도가 있었을 것이라고 답했다. '당신은 여기 와도 환영받지 못할 것이다. 그러다 보면 당신이 여기에 많은 불만도 쌓일 것이고, 남한 사회의 혁명 역량이 고조됐을 때 어떤 역할을 하지 않겠느냐'고 북한 측이 기대한 게 아닌가 싶다.

Q. 정보사에서 중국에서 파견될 당시 어떤 지령을 받았나.

A. 공작관은 지령받은 임무만 수행해야 한다. 어떤 지령이 떨어지더라도 임무를 수행할 수 있는 스탠바이(대기) 상태로 만들어야 한다. 지령은 세 가지가 있었다. 세관 물동량 파악, 국경지대의 주요

지점 확인, 단둥-신의주 화물차 운전기사 포섭이었다. 화물차 운전기사 포섭은 핵 관련 사항이라는 것은 알았지만, 직접적인 지시는 없었다. 의욕적으로 리계향(현지 여성 협조자) 막내 오빠한테 '하천 모래 수입해서 건축용으로 쓸 수 있으니까 샘플용으로 구해 봐라'라고 했다. 모래 수입 사업을 추진하던 중에 장세영에 의해 납치되는 변을 당했다.

Q. 리계향 오빠와의 모래 사업은 지령을 받지 않고 임의로 이뤄진 것인가.

A. 아니다. '이 사람을 우리 사업에 활용할 수 있다'고 판단하면 사업을 할 수 있었다. 공작원 사이에서는 '개발'이라고 부르는데, 본사(정보사)에 보고한 뒤 승인이 떨어지면 공작원으로 채용하고 그때부터 직접적인 지령을 받는다. 최종 목표는 리계향이 아니라 그의 큰오빠였다. 그 사람이 북한 신의주에 면세점도 갖고 있고, 단둥에서 노래방과 음식점도 운영하고 있었다. 소위 전주(錢主)였다. 전주는 북한 고위 계층, 군부와도 연결돼 있지만 쉽게 접근할 수 없었다. 돈도 나보다 많지, 한국에 사업이나 취업하러 갈 필요도 없었다. 거기서도 호의호식하며 잘 먹고 잘사는 사람들이다. 그래서 첫 발걸음으로 막내 오빠를 생각한 거다. 막내 오빠와 둘째 오빠가 국경에서 음성적인 밀수를 많이 했다.

Q. 서울에서 어떤 조사를 받았나.

A. 납치 과정부터 전반적인 것을 모두 조사받았다. 북한 반탐으로 부터 어떤 임무를 받았는지도 추궁당했다. 우리나라 수사기관은 (치밀한 조사 체계를 갖추고 있어서) 못 빠져나간다. 내 전부를 다 보여 줘야만 집으로 갈 수 있고, 증명받을 수 있었다.

Q. 본인 의지와 달리 전역한 뒤 군무원 생활을 하면서 억울함이 있었 을 텐데.

A. 군에서 18년 6개월 장교 생활을 마치고 전역한 뒤 군무원 생활을 했다. 그때 늘 걷고 뛰었다. 그렇게 안 하면 못 견디고 죽을 것 같 았다. 불문율이라고 해야 하나. 조직원들 사이에 누굴 만나도 내 얘기는 안 했다. 선후배든 동료든 내 사고와 관련해서 일절 물어 보지 않았다. '내가 과연 그 위치에 있다면 어떤 입장을 취했을까' 라고 생각도 해봤다. '나도 오십보백보 아니었겠느냐'며 이해했 다. 하지만 솔직한 심정은 내 사고를 처리한 조직 관계자들에게 단 한 번이라도 "나한테 미안하지 않았느냐"고 묻고 싶었다.

Q. 가슴에 26년을 담고 살았겠다.

A. 자식들이 30대 나이를 먹었는데 자기들도 다른 경로로 아버지 이 야기를 접한다. 그래서 '더는 침묵으로 있으면 안 되겠다' 싶었다. "아버지가 이렇게 살았어"라고 세상에 이야기해야겠다고 마음

먹었다. 자랑할 것도 없고, 부끄러울 것도 없었다. 아이들이 격려도 해주고 용기도 주었다. 한번은 큰아이가 출근할 때 제 손을 꼭 잡으면서 "아빠 힘내라"고 하더라.

Q. 26년간 침묵하다가 이제야 이 이야기를 공개하게 된 이유가 무엇인가.

A. 그동안 CKW라는 암호명으로 불린 제 사건이 대북공작 사고가 발생할 때마다 약방의 감초처럼 거론돼 왔다. 그러나 진실과 다른 내용들이 사실처럼 굳어졌다. 군무원 정년퇴직 뒤에 스스로 사건을 정리해 봤다. 이제는 내가 직접 이야기해야 할 시점이라고 생각하고 있던 차에 중앙일보에서 관련 기획을 진행하면서 인터뷰를 하기로 결심했다.

Q. 사건이 왜곡돼 처리된 것은 정보사 발전을 위해서도 바람직하지 않은 것 같다.

A. 반드시 짚고 넘어갔으면 한다. 사고 경위를 정확하게 조사해 유사한 사고를 막아야 한다는 취지다. 그래야 조직이 발전한다. 많은 공작관이 내 사건을 처리하는 과정을 보며 무슨 생각을 할까. '적당히 해야 하겠구나. 욕심냈다가 사고 나면 나만 손해다' 이런 생각이 팽배해지는 게 아닐까. 정보 조직이 그렇게 되면 문을 닫아야 한다. 국정원 출신인 대학교수 한 분이 "정보사 공작은 투박

하다. 세련되지 못했다"는 취지로 최근 언론 인터뷰를 하는 걸 얼핏 봤다. 그럴 수밖에 없다. 시간을 많이 주나, 충분한 환경을 제공해 주나? 군 공작은 생태적으로 취약한 환경에 있다. 사과를 심으면 열매가 나올 때까지 기다려줘야 한다. 이런 부분부터 개선이 되어야 한다.

Q. 마지막으로 하고 싶은 이야기는.

A. 정보사 선후배, 동료들이 총성 없는 전쟁터에서 과거엔 임무 수행을 마쳤고, 지금도 블랙 요원으로 뛰고 있다. 그분들께 진심으로 경의를 표한다. 임무 수행 중에 알게 된 모든 것은 무덤까지 갖고 가야 하는데, 세상이 나를 그렇게 놓아주지 않았다. 이야기하고 나면 속이 편할 것 같았는데, 막상 그렇지 않더라. 공작관으로 임무를 성공적으로 수행하고 은퇴한 뒤 어디에도 주목받지 않고 묵묵히 살아가고 있는 분들에게 용서를 구한다. 공작관으로서 그 길을 같이 못 간 게 죄송할 뿐이다.

정구왕은 인터뷰를 마무리하며 동료 공작관들에게 용서를 구했다.

**끝까지 블랙 요원으로 남지는 못했습니다. 하지만 내 이야기가 후배들에게 작은 교훈이 되기를 바랍니다.**

26년간 침묵을 깨고 세상에 나온 그의 증언은 남북 스파이 전쟁의 숨겨진 이면을 적나라하게 보여 주고 있다.

블랙 요원이었던 정구왕 예비역 중령과 함께.
왼쪽부터 김민상 기자, 정구왕씨, 고대훈 기자

우리는 김동식과 수차례 만나며 우여곡절 많은 그의 인생 이야기를 들었다.
왼쪽부터 김동식씨, 고대훈·김민상 기자

# 남북 스파이 전쟁

초판 1쇄 2025년 3월 31일

지은이 | 고대훈·김민상

발행인 | 박장희
대표이사 겸 제작총괄 | 신용호
본부장 | 이정아
책임편집 | 조한별
기획위원 | 박정호
마케팅 | 김주희 이현지 한륜아

디자인 | 김윤남

발행처 | 중앙일보에스(주)
주소 | (03909) 서울시 마포구 상암산로 48-6
등록 | 2008년 1월 25일 제2014-000178호
문의 | jbooks@joongang.co.kr
홈페이지 | jbooks.joins.com
인스타그램 | @j__books

ⓒ고대훈 김민상, 2024

ISBN 978-89-278-8081-3 03340